Horst Wilkens

Unter Mitarbeit von Werner Plinz und Marion Hammerl-Resch
Mit Zeichnungen von Monika Hänel

Lanzarote

Kragentrappen, blinde Krebse und Vulkane

Natur-Reiseführer zu einer einzigartigen
Vulkaninsel im Kanarischen Archipel

Naturerbe Verlag Jürgen Resch

Der Autor:

Dr. Horst Wilkens
ist Professor an der Universität Hamburg und leitet die Abteilung Ichthyologie und Herpetologie im Zoologischen Museum. Er beschäftigt sich in seiner Forschung mit der Evolution von Höhlentieren und den Grundlagen der Artbildung. Die Kenntnis der Fauna und Flora Lanzarotes erwarb er während langjähriger Studienaufenthalte, die der Erforschung des Ökosystems der "Jameos del Agua" und des "Tunel de Atlantida" sowie der Biologie der hier lebenden Tierarten dienten. Dabei beobachtete er auch die zunehmenden negativen Umwelteinflüsse, die der wachsende Tourismus für die ganze Insel mit sich brachte. Dies gab den Anstoß zu diesem Natur-Reiseführer.

© 1999 Naturerbe Verlag Jürgen Resch
Stockacher Straße 11 • 88662 Überlingen
Tel.: 07773-5767 Fax: 07773-7320
E-Mail: jresch@t-online.de
Alle Rechte, auch die der photomechanischen Wiedergabe und der Übersetzung, vorbehalten.
Layout: Marion Hammerl-Resch
Lektorat: Gudrun Schomers
Lithos: Repro Schmidt, Dornbirn
Druck: Wachter GmbH, Bönnigheim
Printed in Germany

ISBN 3-931173-04-6

Ein besonderer Dank gilt dem Bereich Umwelt der TUI mit seinem Leiter und Direktor Dr. Wolf Michael Iwand, der sich in besonderem Maße für eine nachhaltige touristische Entwicklung Lanzarotes einsetzt. Dabei sieht der Bereich Umwelt der TUI sowohl die Chancen als auch die Verpflichtung zur Erhaltung Lanzarotes als Kultur- und Naturerbe der Menschheit, wie es der Status eines UNESCO-Biosphärenreservats verlangt.

Dieses Buch ist César Manrique gewidmet, dem es gelungen ist, die Einheit von Natur und Mensch auf seiner Insel Lanzarote zu erhalten.

César Manrique

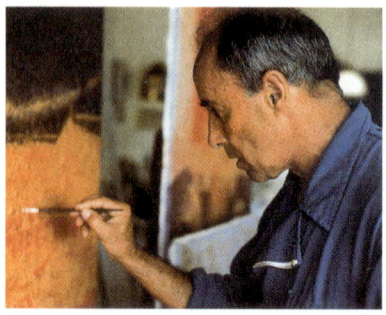

Das heutige Lanzarote ist ohne César Manrique (1919 – 1992) nicht denkbar. Der international renommierte Künstler, der auf Lanzarote geboren wurde und hier auch starb, hatte eine ganzheitliche Vorstellung von seinem Wirken und verstand sich in diesem weiteren, nicht fachspezifischen Sinne als Ökologe. Sein Einfluß ist auf der ganzen Insel erkennbar: das Castillo San José in Arrecife, das Denkmal El Campesino im geographischen Mittelpunkt der Insel, der Mirador del Rio am nördlichen Steilkliff, die Jameos del Agua und das Restaurant El Diabolo auf dem Islote del Hilario in den Feuerbergen sind Beispiele davon. Sie zeugen von der sanften ökologischen Öffnung der Natur für den Menschen, die Ziel des Künstlers war.

César Manrique hat die Gestaltungspolitik einer ganzen Insel nachhaltig geprägt. Es entstanden keine Hochhäuser auf Lanzarote, es gelang lange Zeit, durch Bildung touristischer Siedlungszentren die Insel vor ungezügelter Verbauung zu schützen. Noch heute gibt es an den oben genannten Besucherpunkten keine billigen, ihre künstlerische Aura störenden Kioske. Der Künstler setzte einen überwiegend kubischen Baustil, weißgestrichene Wände, grüne Türen und Fensterrahmen auch im Privatbau durch und erhielt so das der Insel eigene Gepräge. Straßenkreuzungen werden durch von ihm entworfene kunstvolle Windspiele aus ihrer platten Funktionalität befreit.

César Manrique selbst lebte die Einheit zwischen Mensch und der Natur Lanzarotes. Sein eigenes Domizil errichtete er in charakteristischer Kubenform über sieben vulkanischen Blasen eines schwarzen Lavastromes bei Tahiche, die er in seinen Lebensraum einbezog. Wer Lanzarote besucht, darf die Fundación César Manrique nicht auslassen. Sie vermittelt den Geist des Wirkens Manriques am nachhaltigsten. Wohl einmalig auf der Erde ist es César Manrique gelungen, eine ganze Insel zu einem Gesamtkunstwerk zu entwickeln. Dabei ist wesentlich, daß er es geschafft hat, die vorgegebene unbelebte geologische und die belebte biologische Natur mit der Ökologie und der geistigen Natur des Menschen künstlerisch zu verquicken.

Inhalt

Natur- und Kulturraum Lanzarote
Lanzarote, Insel der Vulkane – eine Einleitung 6
Geographie und Klima 8
Inseln – Brennpunkte der Evolution 10

Die Lebensräume
El Jable – die Macht des Sandes 12
Landwirtschaft – ein Auskommen mit der Natur 20
Risco de Famara – Wassermagnet an der Westküste 22
Barrancos – Reste der Wildnis 27
Malpaís de la Corona 34
Aufstieg zum Monte Corona 36
Der Lavatunnel im Malpaís de la Corona 40
Jameos del Agua – ein Fenster zur Tiefsee 43
Tunel de la Atlantida – eine Schatzkammer für Biologen 50
Timanfaya-Nationalpark – in einer Mondlandschaft erwacht das Leben 52
Felswatt, Lagunen und Salinen 56

Tier- und Pflanzenwelt
Flechten – Einigkeit macht stark 60
Der Schatz der Purpurarien 62
Parasiten – Leben auf Kosten anderer 64
Nahrungsnetz im Opuntienfeld 68
Schwarzkäfer – Charaktertiere der Wüste 71
Das Ende der blauen Flotte 72
Leben in der Brandung 76
Muscheln, Schnecken, Schulpe 79
Früchte des Meeres 83
Charaktervögel der Insel 86
Meister der Tarnung 90
Von Durchzüglern, Überwinterern und Irrgästen 94
Vögel an Lagune, Saline und Felswatt 98
Ein Blick aufs Meer: Möwen, Seeschwalben und Sturmtaucher 100
Säugetiere – Ein Floh brachte es an den Tag 103

Gefährdung und Schutzmaßnahmen
Lanzarote – Isla Ecologica? 106

Reiseinformationen
Hinweise und Tips für Besucher 119
Tourenvorschläge 121

Anhang
Dank, Adressen, Literatur 131
Register 132

Lanzarote, Insel der Vulkane – eine Einleitung

Schon beim Anflug auf Lanzarote wird der vulkanische Ursprung der Insel deutlich. Als erste Boten tauchen die halb im Meer versunkenen Kraterränder der nördlich vorgelagerten Eilande Alegranza, Montaña Clara und Graciosa auf. Lanzarote selbst ist übersät von Kratern und ähnelt daher aus dieser Perspektive einer Mondlandschaft. Der Eindruck verstärkt sich, wenn der Boden erreicht ist. Unübersehbar ist die Zahl weich aufgeschwungener Vulkankegel, an denen man vorbeifährt.

Es ist zu bemerken, daß die Sahara nicht weit ist; denn Bäume fehlen vollständig und grüne Kräuter und Gräser sind nur im Frühjahr entwickelt. Die meisten mehrjährigen Pflanzen werfen ihre Blätter im Sommer ab. Nur ihre wasserspeichernden Sprosse recken sich dann noch in die Luft. Die Vegetationsdecke ist nicht geschlossen und läßt viele Lücken. Dadurch tritt der nackte vulkanische Boden in eindrucksvoller und für uns ungewohnter Farbenvielfalt in Erscheinung. Rote Aschen, schwarze Laven und feine Lapilli wechseln sich ab.

Im Frühjahr explodiert die Natur auf Lanzarote und den Besucher erwartet ein Blütenmeer. Dieser Aspekt wirkt auf unsere durch den Winter in Nordeuropa nicht verwöhnten Augen besonders nachhaltig. In der zweiten Jahreshälfte jedoch tritt der Wüstencharakter der Insel in den Vordergrund. Nur wenige Tier- und Pflanzenarten haben jetzt ihre Hauptaktivitätszeit.

Mehr als die belebte Natur beeindrucken den Lanzarotenser die vulkanischen Urkräfte der Erde, welchen die Entstehung der Insel zu verdanken ist. Der zerstörerischen Kraft waren seine Vorfahren noch in jüngster Vergangenheit ausgesetzt, als im Bereiche der Feuerberge 1730 bis 1736 in ständiger Aktivität große Teile Lanzarotes von Lava überdeckt wurden. Nach zwölf Jahren andauernder Erdbebenaktivität kam es hier nochmals 1824 zu Lavaausbrüchen. Auch heute ist in diesem Gebiet mit Temperaturen von über 250° C in weniger als zwei Metern Tiefe die glühende Unterwelt zu spüren.

Die auf Lanzarote lebenden Menschen haben sich diesen Bedingungen angepaßt. Sie nutzen die durch die Vulkane gespendete Fruchtbarkeit, indem sie sie zugleich mit der Fähigkeit bestimmter vulkanischer Gesteine zur Speicherung von aus Regen, Nebel oder Tau gewonnener Feuchtigkeit verbinden. So vermag man, Landwirtschaft in anscheinend unwirtlichster Umgebung zu betreiben. Kartoffeln, Zwiebeln, Getreide und Kürbisse – ja selbst der berühmte Malvasier-Wein werden angebaut.

Der berühmteste Sohn Lanzarotes, der Künstler César Manrique, hat diese enge Verflechtung besonders deutlich machen wollen. Er errichtete seine Wohnstätte inmitten eines Lavastromes der zuvor genannten Eruptionen und bezog sogar einige der weiträumigen, durch Gasblasen gebildeten Hohlräume in seinen Wohnbereich ein. Als "Fundación Manrique" ist dieser Ort heute von jedermann zu besuchen.

Im Frühjahr sind die Hänge des Tales von Haria von einer artenreichen Flora bunt überzogen.

Geographie und Klima

Lanzarote und die nördlich vorgelagerten Eilande Alegranza, Montaña Clara und La Graciosa sind die nordöstlichsten Inseln des Kanarischen Archipels. Ihre Entfernung zum afrikanischen Kontinent beträgt lediglich 115 km. Von ihrer südlichen Nachbarinsel Fuerteventura trennt Lanzarote ein Meeresarm von knapp 20 km Breite. Die nächste westliche Insel, Gran Canaria, hat eine Distanz von gut 200 km.

Im Gegensatz zu Gran Canaria und Teneriffa ist Lanzarote eine relativ kleine Insel. Die Fläche beträgt 795 Quadratkilometer, die Länge 62 km und die Breite 21 km. Fast allerorts ist der Atlantik zu sehen. Nie geht der Eindruck verloren, daß man auf einer Insel lebt.

Auch die Berge Lanzarotes sind niedrig. Die höchste Erhebung ist der Peñas del Chache im Famaragebirge im Norden mit 671 m. Im Süden hebt sich der Atalaya de Femes mit 608 m empor. Groß ist die Zahl der Vulkane, etwa 100 zählt man auf der Insel.

Lanzarote hat eine durchschnittliche Jahresniederschlagsmenge von 135 mm, die damit weit unter der Mitteleuropas liegt. Die Regen fallen vorzugsweise in den Monaten November bis März. Das Klima ist milde und ausgeglichen. So sinkt die mittlere Temperatur nicht unter 15° C im Januar und sie steigt nicht über 22° C in den heißesten Monaten August und September. Für den Besuch ist es wichtig zu wissen, daß der Ozean im Herbst warm und es angenehm zu baden ist. Im Frühjahr jedoch lockt die Natur mit ihren Blüten.

Unten: Klimadiagramm von Lanzarote. Rechts: Infrarot-Satellitenaufnahme der Kanaren. Rot die von Westen aus dem Golfstrom stammenden warmen Wassermassen.

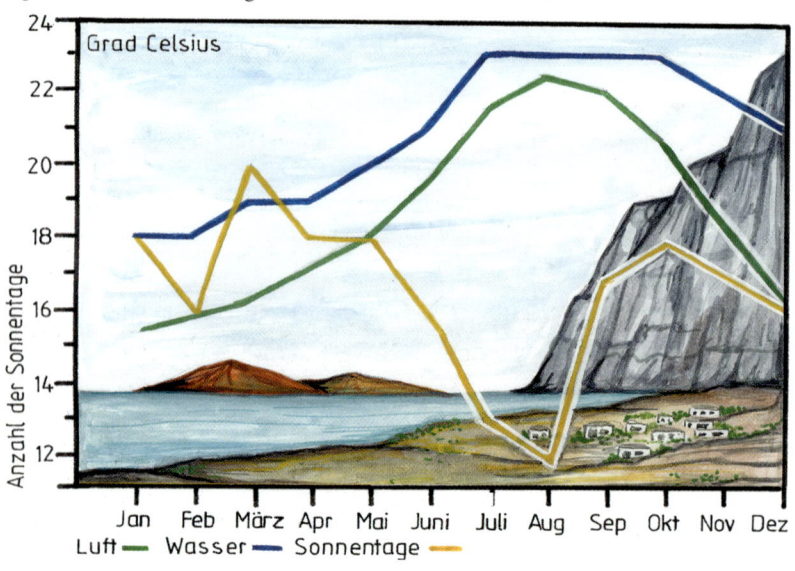

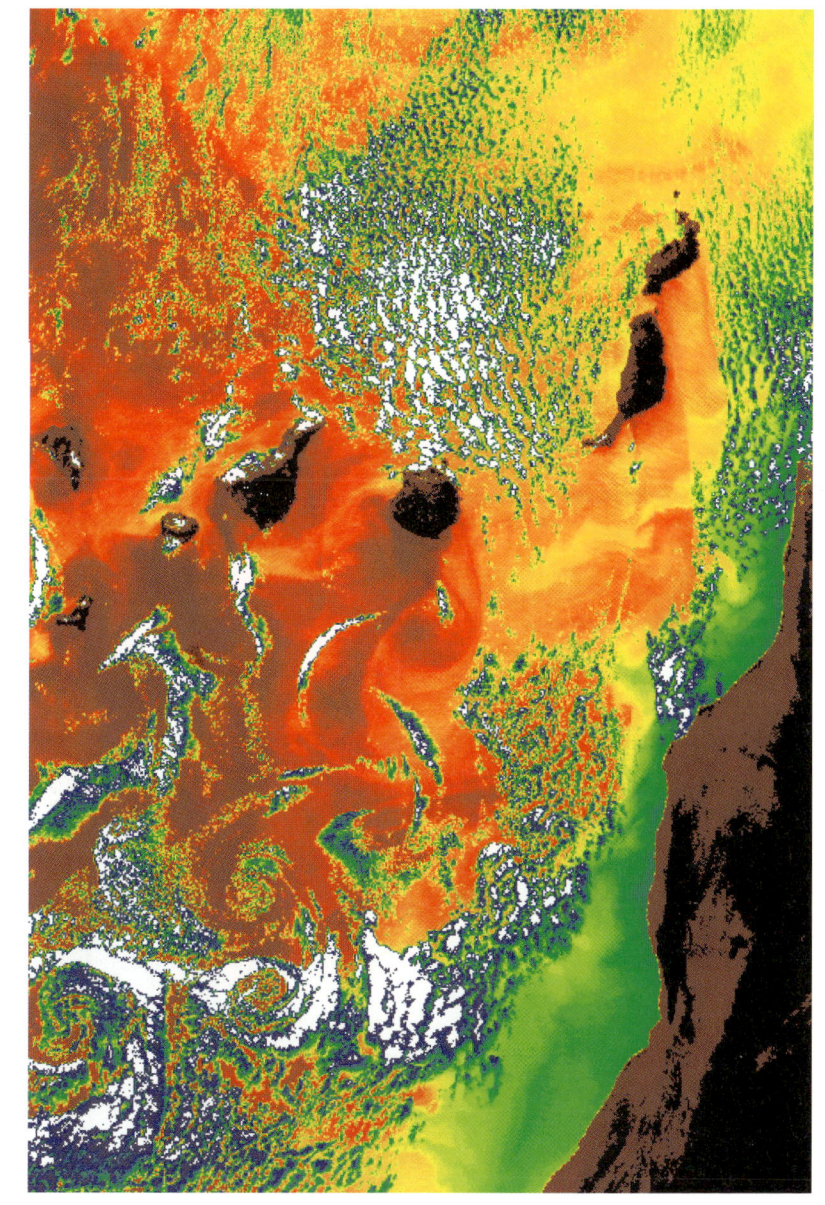

Inseln – Brennpunkte der Evolution

Die Kanarischen Inseln sind als vulkanische Inseln im Atlantik entstanden und rein ozeanischen Ursprungs. Für Lanzarote und Fuerteventura wurde vorübergehend angenommen, daß sie in ihrer Vergangenheit eine feste Landverbindung nach Afrika gehabt hätten. Diese Spekulation beruhte auf dem Fund von fossilen Vogeleiern im Nordteil der Insel. Sie wurden aufgrund ihrer Größe Straußen zugeordnet, die als flugunfähige Vögel nur "zu Fuß" nach Lanzarote hätten gelangen können. Neuere Untersuchungen haben jedoch ergeben, daß sie wahrscheinlich von großen flugfähigen Seevögeln, den heute ausgestorbenen Odontopterygiformes, stammen. Lanzarote und Fuerteventura sind als erste der Kanarischen Inseln dem Meer entstiegen und mit einem Alter von ca. 20 Millionen Jahren die ältesten.

Für die Besiedlung von im Ozean isoliert entstandener Inseln durch die an Land lebende Tier- und Pflanzenwelt ist ihr Isolationsgrad, d.h. vor allem ihre Entfernung zum nächsten Kontinent, von großer Bedeutung. Zudem spielt das jeweilige Ausbreitungsvermögen der einzelnen Arten eine wichtige Rolle.

Die räumliche Abtrennung auf Inseln eingewanderter Arten vom Verbreitungsgebiet ihrer Ursprungsform führt im Verlaufe eines langen Evolutionsprozesses zum Entstehen neuer Unterarten oder Arten, die nur in dem neu besiedelten Gebiet vorkommen. Sie werden allgemein als Endemismen bezeichnet. Diese können auf eine einzige Insel, also beispielsweise auf Lanzarote, begrenzt sein. Sie können auch auf einer weiteren oder allen Kanarischen Inseln vorkommen. Dann werden sie als Kanaren-Endemismen bezeichnet.

Viele Arten, die auf den Kanarischen Inseln leben, treten auch in dem gegenüberliegenden afrikanischen Küstensaum und den anderen ostatlantischen Inselgruppen der Azoren, Kapverden und Madeira auf. Dieses Verbreitungsgebiet wird als Makaronesien bezeichnet.

Ein weiteres biologisches Phänomen ist für ozeanische Inseln charakteristisch. Ihre Artenzahl ist ursprünglich immer geringer als die auf den Kontinenten. Das liegt daran, daß nicht alle Pflanzen- und Tierarten den "Sprung schaffen". Aufgrund dessen bleiben Lebensräume mit bestimmten ökologischen Nischen ungenutzt. Diese werden dann von einigen besonders geeigneten Einwanderern erobert. Es entwickeln sich so im Laufe langer Zeiten aus einer Stammart viele neue Arten. Der Biologe nennt diesen Evolutionsprozeß adaptive Radiation – eine Auffächerung also, die viele neue Anpassungstypen entwickelt. Auf den Kanarischen Inseln kann dies vor allem bei einigen Pflanzen beobachtet werden. So gibt es in der Gattung *Argyranthemum* 20, bei *Limonium* 19 und bei *Aeonium* gar 35 endemische Arten, die ihre Entstehung neben der räumlichen Isolation auf verschiedenen Inseln dieser Erscheinung zu verdanken haben.

Links: Der Flaumhaarige Strandflieder (Limonium puberulum) ist endemisch auf Lanzarote und Fuerteventura.
Rechts: Die 25-28 mm großen Raubfliegen der Gattung Promachus haben auf fast jeder Insel der Kanaren eine eigene Unterart entwickelt. P. c. consanguineus lebt auf Lanzarote.
Oben: Das Lanzarote-Aeonium (A. lancerottense) kommt als einzige von 35 kanarischen Aeonium-Arten auf Lanzarote vor.

Die Lebens-räume

El Jable – Die Macht des Sandes

Vor der wohl imposantesten Kulisse Lanzarotes, die von dem vorgelagerten Eiland Graciosa und dem malerischen Kliff des Risco de Famara gebildet wird, dehnt sich zwischen Soo, Tiagua, Teguise und der Bucht von Famara die Ebene El Jable – der Sand, so benannt nach ihrem überwiegend sandigen Charakter. Das etwa 40 km² große Gebiet gehört auch heute noch zu den weniger vom Menschen beeinflußten Teilen Lanzarotes. Es ist eine trockene Halbwüste, die vom Wind geformt ist, der vom offenen Atlantik ungehemmt in sie hineinblasen kann.

In einem breiten Streifen vom Meer in die Ebene hinein ist der Sand in Bewegung. Bei starkem Wind tut er weh im Gesicht und an den Beinen. Nach Stürmen muß die küstennahe Straße vom Sand freigeräumt werden. Der Sand kommt aus dem Meer. Wie überall auf den Kanaren stammt er nicht aus Afrika, sondern es handelt sich um die von den Wellen und der Brandung zerschlagenen Kalkgehäuse von Abermillionen ehemals auf dem Felssockel der Insel lebender Schnecken, Muscheln und Krebse. Die Geologen sprechen daher von Karbonatsanden.

Wie in einer ersten Verteidigungslinie fangen Pflanzen den Sand im engeren Bereich der Küste mit ihren Trieben auf, werden von ihm überdeckt und wachsen in einem dynamischen Prozeß wieder daraus heraus, um weiteren Sand zu halten. So entstehen bis zu drei Meter hohe Hügel. Es ist vor allem die Art *Traganum moquinii*, die gleichzeitig noch das Kunstwerk fertigbringen muß, physiologisch mit dem herrschenden Mangel an Süßwasser fertig zu werden. Sie hat deswegen verdickte Blätter, die als

Links: Mehrere Wanderdünen bewegen sich durch die Ebene von El Jable.
Oben: Eine auf die Kanarischen Inseln in ihrem Vorkommen begrenzte Marienkäferart Coccinella algerica.
Oben Mitte: Moquins Traganum (Traganum moquinii) fängt den von der Küste herangewehten Sand auf.

Speicher dienen und sie vor der Austrocknung bewahren.

Nur scheinbar leben in dieser Region keine Tiere. Im Windschatten am Fuße der Sandhügel jedoch sind unter den Zweigen der Pflanzen in Vielzahl Trichter unterschiedlicher Größe zu ent-

decken, an deren Grund hin und wieder Bewegung zu beobachten ist. Sandkörnchen scheinen herausgeschleudert zu werden. Es handelt sich um Fallgruben, die eine Insektenlarve, der sogenannte Ameisenlöwe, gräbt. Er bombardiert hineingestolperte Tiere mit Sand, um sie am Grunde der Grube mit seinen großen Zangen zu packen und auszusaugen.

Der Ameisenlöwe lebt im Sand wie ein Fisch im Wasser. Er sitzt versteckt im Grunde der selbst ausgeworfenen Grube und bewegt sich unter der Sandoberfläche in ein anderes Areal, wenn seine Grube nicht fängig ist. Seine Wanderroute erkennt man an unregelmäßig in den Sand gezogenen Linien. Will man sich ihn ansehen, muß man blitzschnell mit beiden Händen unter seine Grube fassen und den Sand in die Hände nehmen. Meist ist er jedoch entwischt. War man geschickt und vorsichtig genug, findet man ein bis zu einem Zentimeter großes Tier, das immer wieder versucht, sich rückwärts einzugraben. Deutlich sind die großen Fangzangen am Kopf zu erkennen. Außerdem hat es sechs Beine und ist deshalb als Insekt erkennbar. Der Ameisenlöwe ist die Larve eines Netzflüglers, der Ameisenjungfer. Sie hat vier Flügel mit einer Spannbreite von ca. 10 cm. Sie sorgt für die Verbreitung ihrer Art, indem sie nachts herumfliegend ihre Eier einzeln in den Sand legt. Die sich daraus entwickelnde Larve verpuppt sich, wenn sie genug gefressen hat und ausgewachsen ist, nach einigen Monaten im Sand in einer kugelförmigen und aus Sand gebauten Puppenhülle.

Wenn man sich langsam wandernd von der Küste entfernt, erstirbt das Rauschen der Brandung, der Wind läßt an Intensität nach. Bald ist es still. Nur vereinzeltes metallisches Rufen ist zu hören. Nach längerem Suchen ist die Ursache entdeckt: ein Vogel. Es ist das Männchen des Raubwürgers (*Lanius excubitor*). Es sitzt auf einem höheren Strauch und meldet seinen Revieranspruch an. Verantwortlich hierfür ist die im Überfluß vorkommende Nahrung, eine Eidechse (*Gallotia atlantica*), die überall raschelnd weghuscht.

Tief im Inneren der Ebene stoßen wir auf eine weitere Besonderheit. Es sind drei malerische, jeden Tag vom Wind neu gestaltete Wanderdünen. Sie bewegen sich nach Süden. Sehr schön ist zu erkennen, wie sie die Vegetation vor sich zu begraben beginnen. Die auf ihrem Wege freiwerdenden vegetationslosen Flächen werden im Frühjahr großflächig von den weiß blühenden Wickeln einer süßlich duftenden niedrigen Pflanze, *Heliotropium ramosissimum*, überzogen. Zusätzlich treten hier große Bestände des Dünnblättrigen Affodils (*Asphodelus tenuifolius*) und des Dünen-Zyperngrases (*Cyperus capitatus*) auf. Die hohen Dünen selbst werden gerne von Gruppen von Weißkopfmöwen als Ansitzwarte genutzt. Ihre Fußspuren überziehen den Sand netzartig.

Im losen Sand der Dünenfront findet sich ein Liliengewächs, das außer auf

Links: Die Tanger-Reichardie (Reichardia tingitana) ist an ihren im Grund purpurnen Zungenblüten zu erkennen.
Rechts. Am Fusse des Dünen-Zyperngrases (Cyperus capitatus) hat ein Ameisenlöwe seinen Trichter gebaut. Unten: Ameisenlöwen (Myrmeleon h. hyalinus) ergreifen ihre Beute mit großen Zangen.

Fuerteventura nur auf Lanzarote und hier nur in El Jable, vorkommt, *Androcymbium psammophilum*. Es ist eine weiß blühende Pflanze, die nur knapp aus dem Sand herausschaut.

Die Vielfalt der Lebensräume von El Jable wird durch einen geologisch jungen Lavastrom ergänzt, der sich aus dem Montaña del Fuego kommend als dünne Zunge in die Ebene ergossen hat. Die in ihm entstandenen Hohlräume bieten dem Wiedehopf sichere Brutmöglichkeiten. Sein charakteristischer Ruf, der wie -u-pu- klingt, ist lautmalerisch in seinen wissenschaftlichen Namen *Upupa* aufgenommen und bei Windstille weit zu hören.

Steinige Gebiete sind der Ort, an denen ein nachtaktives Reptil seine Heimstatt hat. Zu seiner Beobachtung eignen sich am besten isolierte Steinhaufen, die als Grenzmarkierungen aufgeschichtet wurden. Stein um Stein ist vorsichtig abzuheben und unterseits zu prüfen. Dann plötzlich ist das Tier kurz zu sehen, verschwindet aber wieder auf der Unterseite des erfaßten Steines oder springt zu Boden und sucht auf der Flucht im Hosenbein Unterschlupf. Doch keine Angst – es beißt nicht. Der auf Lanzarote und Fuerteventura endemische Kanarische Mauergecko (*Tarentola angustimentalis*) kommt nur auf den östlichen Kanaren vor. Er ist harmlos und lediglich lichtscheu. Die großen Augen helfen ihm beim Insektenfang im Dunkeln. Er ist ein Kulturfolger, dessen metallisch klingende Balzrufe daher auch im Bungalow zu hören sind, wo er abends aktiv wird. Haftlamellen auf der Unterseite seiner Füße ermöglichen es ihm, mühelos an steilen Wänden oder kopfüber wie auf ebener Erde zu laufen.

Die meisten Flächen des El Jable sind nur von schütterer Vegetation überzogen – ein Zustand, der in der zweiten Jahreshälfte und vor allem durch die allgegenwärtige Ziegenbeweidung noch verstärkt wird. Häufig ist ein kugelförmiger Strauch, der keine richtigen Blätter trägt.

*Links oben: Die Heuschrecke Acrotylus patruelis zeigt beim Auffliegen rote Unterflügel.
Links unten: Der Kanarische Mauergecko ist nachtaktiv und tags unter Steinen verborgen.
Oben: Der Dornlattich ist wegen seiner stacheligen Abwehr gegen Ziegenbeweidung weit verbreitet.
Rechts: Die Sandschnecken (Theba geminata) können sehr variable Färbung zeigen.*

Der Kameldorn oder Dornlattich (*Launaea arborescens*) ist dornig bewehrt und kann auch noch im Herbst seine gelben Blüten zeigen. Vielfach ist er von der parasitischen Kleeseide (*Cuscuta approximata*) überzogen. Im Frühjahr tritt in prächtig gelb blühenden Formationen *Lotus lanzerottensis* auf, eine Pflanze, die nur auf Lanzarote und Fuerteventura vorkommt. Nicht selten, aber immer als Einzelexemplare, findet man das Liliengewächs *Dipcadi serotinum*. Unter den Tieren sind neben dem Raubwürger der Kanarenpieper und die Stummellerche Vögel, deren Rufe und Gesang im Frühjahr den Eindruck vermitteln, als befände man sich in einem mitteleuropäischen Grünlandareal.

Noch andere Lebewesen werden mit den harten Umweltbedingungen fertig. An vielen Pflanzen haften Schnecken, die die Trockenheit des Tages überstehen, indem sie ihr Gehäuse mit einem Deckel aus Schleim verschließen. Es handelt sich um auf Lanzarote endemische Arten der Gattung *Theba*. Ihr Farbmuster ist variabel und kann sehr unterschiedlich entwickelt sein. Manche Tiere weisen am Gehäuseaußenrand einen

Kuhreiher bei der Heuschreckenjagd im Süßkartoffelfeld.

Kiel auf und gehören zur Art *Theba geminata*. Die normal rund ausgeformten Gehäuseträger sind *T. impugnata*. Diese Schnecken werden hier gerne von den Weißkopfmöwen gefressen. Eine zweite auffällige Schnecke ist die Turmschnecke, *Rumina decollata*, deren Gehäusespitze abgebrochen erscheint. Dies liegt daran, daß das Jugendgehäuse gezielt abgebaut wird, um Verletzungen dieses an der Spitze liegenden dünnerschaligen und empfindlicheren Jugendgehäuses zu vermeiden. Hierbei handelt es sich um ein räuberisch lebendes Tier, das auch andere Schnecken frißt.

Auffällig schwarz und rot gefärbt sind zwei sehr häufige Wanzen, der Pandur (*Spilostethus pandurus*) und der etwas kleinere Knappe (*L. saxatilis*). Daneben tritt ein hell und dunkel gestreifter Käfer auf, der sich auf der Flucht im sandigen Boden zu vergraben vermag. Es ist der Dunkelkäfer (*Tenebrionidae*) *Zophosis bicarinata plicata*, eine auf den beiden östlichen Inseln endemische Unterart.

Überall hüpft und springt es, denn auch die Zahl der Heuschrecken ist das ganze Jahr über groß. Zwei sehr häufige Arten sind an der Färbung ihrer durchsichtigen Hinterflügel zu erkennen, die beim Auffliegen sichtbar werden: die Blauflügelige Ödlandschrecke (*Oedipoda coerulescens*) hat blaue mit dunklem Band, die mit rot angehauchten Hinterflügeln auffällige Art ist *Acrotylus patruelis*.

Ohne besondere Merkmale ist *Ailopus thalassinus*. Heuschrecken werden gerne von Kuhreihern gejagt. Eine der Taktiken, die diese dabei anwenden, ist es, sich dem Beuteobjekt vorsichtig zu nähern. Dann wird durch seitlich schwankende Bewegungen des Kopfes seine Entfernung ausgepeilt und schließlich durch ein blitzschnelles Zupicken die Heuschrecke mit dem Schnabel ergriffen. Dieser Vorgang erfolgt unter so weitem Vorstrecken des Halses, daß der Reiher vor Eifer häufig mit der Brust auf den Boden fällt. Eine andere Methode besteht darin, die Ziegenherden zu begleiten. Befinden diese sich auf der Wanderung, fliegen und laufen die Reiher ihnen ständig zehn bis zwanzig Meter voraus, weil die Heuschrecken offenbar schon durch die Geräusche und die Erschütterung des Bodens aufgescheucht werden.

Von einem Felsrücken im Osten kommend, durchziehen tiefe Erosionsrinnen die Ebene und führen das Niederschlagswasser nach Regenfällen ins Meer. Besonders hier sind überall braune dickwandige Köcher von zwei bis drei Zentimeter Größe zu finden. Es sind versteinerte Brutkammern, die von heute ausgestorbenen Pelzbienen (*Anthophoridae*) gebaut wurden. Die dicken Wandungen bestanden ursprünglich aus Lehm, der mit Speichel verbacken worden war. In dem gut erkennbaren inneren Hohlraum hatte die Biene ein Ei abgelegt und Blütenpollen eingetragen, von dem sich die sich aus dem Ei entwickelnde Larve ernährte. Arten mit ähnlicher Lebensweise gibt es auch heute noch auf Lanzarote.

In ihren Randbereichen zu den Orten Soo, Teguise oder Tiagua wird die Ebene El Jable in großem Umfang von Bauern bewirtschaftet. Es wird eine sehr ursprüngliche ackerbauliche Nutzungsform, die für Lanzarote typische Dünensandkultur, angewendet, die der Natur gute Lebensmöglichkeiten bietet. Eingestreut in die kleinräumigen landwirtschaftlichen Flächen finden sich immer wieder ausgedehnte ungenutzte Bereiche, die offenbar nicht so intensiv oder überhaupt nicht für die Ziegenbeweidung verwendet werden. Erkennbar ist dies an den hohen und häufig auch im Spätsommer blühenden Beständen des Dornlattichs (*Launaea arborescens*). Dadurch finden seltene und gefährdete Vogelarten wie Kragentrappe, Rennvogel und Triel Nahrung und Deckung.

Der küstennahe Teil der Ebene El Jable hat einen Schutzstatus als Teil des Naturparks "Archipielago Chinijo", der die Küste Lanzarotes nördlich von Soo bis nahe Orzolas sowie die vorgelagerten Inseln umfaßt. Weiterhin ist El Jable als "Espacio Natural Protegido" geschützt. Die Jagd auf Vögel ist hier grundsätzlich verboten.

Unten: Wanzen, wie der 13 - 15 mm große Pandur (Spilostethus pandurus), lieben trockene Lebensräume.
Ganz unten: Des einen Tod, des anderen Brot: Die intensive Ziegenbeweidung in El Jable beeinträchtigt den Lebensraum der Kragentrappen. Die aufgescheuchten Heuschrecken werden von Kuhreihern erbeutet, die die Ziegenherden begleiten.

Landwirtschaft – ein Auskommen mit der Natur

Der Feldbau auf Lanzarote in seiner ursprünglichsten Form kann sicherlich auch als eine vom Aussterben bedrohte Tätigkeit betrachtet werden. Besonders am Rande der Ebene El Jable in der Nähe der Ortschaft Soo oder bei Teguise kann man ihn sich jedoch auch heute noch ansehen. Es wird eine Art des Trockenfeld-Anbaues, die Dünensandkultur, betrieben. Mit einem einfachen Hakenpflug und einem Esel als Zugtier wird der Boden gelockert. Hier werden im trockenen und vom Wind bewegten sandigen Boden ohne künstliche Bewässerung Kartoffeln, Süßkartoffeln, Kürbisse und Getreide angebaut. Ihre Wurzeln erreichen bei einer dünnen Sandlage von nicht mehr als 40 cm den fruchtbaren Boden.

Windbrecher in Gestalt kleiner, neben den Pflanzen angelegter Steinhaufen oder langer Reihen von Getreidehalmen sammeln Feuchtigkeit und verhindern die Winderosion. Den Kontinentaleuropäer beeindruckt, wie trotz widrigster Bedingungen Landwirtschaft möglich ist.

Etwas weiter entwickelt ist das häufiger angewandte System der "enarenados" oder die Piconkultur. Das hierin enthaltene spanische Wort für "Sand", "arena", bezeichnet auf Lanzarote den sogenannten "picon", ein schwarzes Lockergestein, das in den vielerorts sichtbaren Tuffgruben gewonnen wird. Interessanterweise wird auf den östlichen Kanaren der uns vertraute helle Sand als "jable" bezeichnet – ein Wort, das sich vom französischen "sable" ableiten dürfte. Der picon ist auf Grund seiner Porosität in der Lage, Feuchtigkeit, die unter anderem aus nächtlichem Tau herrührt, zu speichern. Er wird in dünner Schicht künstlich auf den Boden aufgetragen (enarenado artificial). Die

Kulturpflanzen wachsen durch diese hindurch in den nährstoffreichen Boden. Dort, wo der picon von Natur aus in zu dicker Schicht liegt, als daß die Kulturpflanzen im fruchtbaren Boden zu wurzeln vermöchten, werden Gruben gegraben (enarenado natural). Derartige kraterartige Vertiefungen werden als "geria" bezeichnet. Sie gaben dem Weinanbaugebiet von La Geria seinen Namen und sind dort allerorten zu besichtigen.

Die als "enarenados" bewirtschafteten Flächen ermöglichen eine intensive landwirtschaftliche Nutzung. Als schwarze geometrische Muster verleihen sie der Landschaft einen malerischen Anblick, als Lebensraum für die Natur sind sie jedoch verarmt. Erst wenn sie aus der Nutzung fallen, entwickeln sich auf ihnen im Frühjahr prächtige Blütenaspekte. Allerdings dominieren dann wenige Arten, etwa die Kronen-Wucherblume (*Chrysanthemum coronarium*) oder der Mohn (*Papaver spec.*).

Links: Das Weinland "La Geria".
Oben und Mitte rechts: Die Feldbearbeitung auf Lanzarote erfolgt vielfach noch in herkömmlicher Art und Weise.
Rechts unten: Künstlich angelegte Felder (enarenado artificial): geometrisch schön, aber durch intensive Nutzung biologisch steril.

Risco de Famara – Wassermagnet an der Westküste

Die Kanarischen Inseln bestehen fast ausschließlich aus vulkanischem Basaltgestein. Mit einem Alter von ca. 16 Mio. Jahren gehört das Famaragebirge neben dem Los Ajaches-Massiv im Süden der Insel zu den ältesten Teilen Lanzarotes. Es erstreckt sich von Teguise bis zur Nordspitze der Insel und fällt über einen Steilhang, den Risco de Famara, auf seiner Westseite streckenweise nahezu senkrecht ins Meer ab. Dort, wo eine schmale Küstenzone vorgelagert ist, zeugt eine gewaltige Geröllhalde am Fuß des Famaragebirges von den enormen Kräften der Erosion. Dennoch stellt dieser Bereich mit dem Peñas del Chache immer noch den höchsten Teil der Insel (670 m) dar.

Diese Höhe hat außerordentliche ökologische Bedeutung. Das Famaragebirge vermag als einziges auf Lanzarote, dem Passatwind Feuchtigkeit zu entlocken. Sehr deutlich ist dies an den Wolken zu erkennen, die zeitweise über dem Gebirge hängen. Der Mensch hat sich den relativen Wasserreichtum zunutze gemacht, indem er über mehrere hundert Meter in den Risco getriebene Stollen Wasser im Gestein sammelt und ableitet. Schon immer aber profitierte hiervon die Vegetation. Sie hat hier einen großen Artenreichtum entwickelt und ist voller Besonderheiten. Dies alles konnte sich erhalten, weil der steile Westhang des Famaragebirges weder für die landwirtschaftliche Nutzung noch für die Beweidung durch Ziegen geeignet ist. Der deutsche Botaniker Kunkel, einer der bedeutendsten Erforscher der kanarischen Flora, hat dieses Gebiet als ökologische Insel bezeichnet. Es ist heute Teil des Naturparks (Parque Natural) "Archipielago Chinijo".

Links: Die Passatwolke über dem Risco de Famara.
Oben: Die Knotenblütige Mittagsblume (Mesembryanthemum nodiflorum) und die nicht abgebildete Kristall-Mittagsblume (M. crystallinum) wurden noch im letzten Jahrhundert zur Sodagewinnung herangezogen.
Rechts: Der Gefiederte Lavendel (Lavandula pinnata) ist an vielen steinigen Standorten zu finden.

Es gibt verschiedene Möglichkeiten, diese ökologische Insel näher kennenzulernen. Ein eindrucksvoller Wanderweg beginnt oberhalb der Urbanisation Island Homes bei Famara. Er führt durch die am Fuße des Risco gelegene Geröllhalde und ist hoch über dem Meer gelegen, das hier von einem sehr schönen weißen Strand gesäumt ist. Das Gebiet wird erst gegen Mittag von der Sonne erreicht und ist dann am angenehmsten zu durchwandern.

Die Wanderung gleicht einem Spaziergang durch den botanischen Garten der Endemismen Lanzarotes und der Kanaren: Im Frühjahr ist das Landschaftsbild geprägt von den gelbgrünen Blütenständen der Stumpfblättrigen Wolfsmilch (*Euphorbia obtusifolia*). Vereinzelt tritt die Balsam-Wolfsmilch (*E. balsamifera*) und ein ihnen sehr ähnlicher Korbblütler, die nur auf den Kanaren vorkommende Verode (*Kleinia neriifolia*), auch Federbusch genannt,

hinzu. Überall zeigt der Gefiederte Lavendel (*Lavandula pinnata*) seine blauen Lippenblüten. Vielerorts sieht man Dornlattich (*Launaea arborescens*) und Bocksdorn (*Lycium intricatum*). Er ist häufig von einem Gewächs mit lang gespornten gelben Blüten durchrankt. Sie gehören dem Verschiedenblättrigen Tännelkraut (*Kickxia heterophylla*), einem Rachenblütler, der hier Stütze und Schutz findet. Eine Besonderheit ist die auf den Ostinseln endemische Famara-Reichardie (*Reichardia famarae*).

Die Hänge sind übersät mit dem für Weidevieh giftigen Affodil (*Asphodelus aestivus*). Die nur auf den östlichen Kanaren vorkommenden Pflanzen, das Lanzarote-Rutenkraut (*Ferula lancerottensis*) und die Gänsedistel (*Sonchus pinnatifidus*), sind aufgrund ihrer Größe überall gelb leuchtend zu sehen. Eine Besonderheit von extremer Seltenheit ist das Goldkraut (*Nauplius schultzii*). Es ist ein Korbblütler, der eng am Boden wächst. Seine Zungenblüten sind weiß und am Rande charakteristischerweise schwach gezackt.

Der Weg selbst und sein engster Rand sind besiedelt von Kanaren-Endemiten, wie dem Wegerich (*Plantago aschersonii*), der Niederliegenden Rübe (*Patellifolia procumbens*), dem Kanaren-

Ampfer (*Rumex lunaria*) oder *Nauplius intermedium*. Gleichfalls finden sich hier zwei Eiskrautgewächse, das eng an den Boden geschmiegte Kanaren-Eiskraut (*Aizoon canariense*) und die Kristall-Mittagsblume (*Mesembryanthemum canariense*). Ihre Blätter sind mit kristallen glitzernden Papillen besetzt. Die Kronblätter ihrer weißen Blüten sind lang und auffällig schmal. Wie die nah verwandte Knotenblütige Mittagsblume (*M. nudiflorum*) hatten sie im ausgehenden 18. Jahrhundert als Sodakraut zur Seifenherstellung große wirtschaftliche Bedeutung. Trittfest wie alle Pflanzen, die auf Wegen wachsen, ist auch die Fagonie (*Fagonia cretica*). Sie hat violette Blüten, dornige Nebenblätter und dreiteilige Blätter.

Faunistisch treten vor allem die Vögel hervor. Der Ruf des Kanarenpiepers ist allerorten. Auch Brillengrasmücke und

Links: Die gewaltige Geröllhalde des Risco de Famara ist von einer Vielzahl seltener Pflanzen bewachsen.
Rechts oben: Brutkammern der Mörtelbiene Chalicodoma sicula.
Rechts Mitte: Die blitzschnell fliegende Biene Amegilla quadrifasciata (Anthophoridae) sammelt Pollen und Nektar auch auf den eingebürgerten Wandelröschen (Lantana camara).
Unten: Die Blätter der strauchigen Wolfsmilchgewächse werden von den Raupen des Wolfsmilchschwärmers gefressen. Ihre grellen Farben sollen warnen, daß sie giftige Pflanzensäfte aufgenommen haben.

Raubwürger sind vertreten. Unerreichbar in der Luft streichende Turmfalken, Kolkraben und Weißkopfmöwen vermitteln einen Eindruck von der Höhe der Wand. Zwischen Geröllbrocken versteckt, warnt das Felsenhuhn. Aus der küstennahen Ebene flötet ein Triel von unten herauf.

An windgeschützten Stellen entwickelt sich höhere Vegetation. Hier wächst der Kanaren-Ampfer (*Rumex lunaria*) zu buschartiger Größe. Hinzu treten etliche stattliche Exemplare des zweiten auf Lanzarote heimischen Natternkopfes (*Echium descaisnei*). Im Gegensatz zu dem viel kleineren und häufigeren Lanzarote-Natternkopf (*Echium lancerottense*), sind seine Blüten nicht blau sondern weiß. Derartige kleine Buschbestände sind Lebensraum der seltenen Lanzarote-Blaumeise.

Auf dem Boden des Weges sind im Frühjahr und Herbst immer wieder hummelgroße Hautflügler zu beobachten. Ihr Vorderteil ist rötlich behaart, der Hinterleib dunkel. Die Flügel sind dunkelbläulich getönt. Es handelt sich um eine Mörtelbiene, *Chalicodoma sicula balearica* (Fam. *Megachilidae*). Diese Art ist auf den östlichen Kanaren, Spanien und den Balearen heimisch. Es ist eine einzeln lebende Biene, die nicht wie unsere Honigbiene (*Apis mellifica*) einen Staat aus vielen Tausend Individuen bildet. Sie baut mehrere nebeneinander liegende Kammern in Vertiefungen an den Felsen, indem sie sandiges Material vom Boden aufnimmt und mit ihrem Speichel vermengt. Der so produzierte Mörtel wird außerordentlich hart. In die Kammern trägt sie von ihr selbst gesammelten Pollen ein, der einer Larve als Nahrung dient, die sich aus einem jeweils in einer Kammer abgelegten Ei entwickelt. Zum Schluß wird das Ganze mit Mörtel verschlossen und überdeckt, so daß äußerlich keine Kammern mehr erkennbar sind.

Rechts: Der Barranco de Teneguime bei Guatiza.
Unten: Abendstimmung an der Ermita de las Nieves.

Barrancos – Reste der Wildnis

Barrancos sind Kerbtäler, die sich durch Regenwasser tief V-förmig in die Landschaft geschnitten haben. Sie sind vor allem für die westlichen Kanaren charakteristisch. Aufgrund der geringen Niederschlagsmengen sollte man sie auf Lanzarote nicht erwarten. Dennoch gibt es sie hier. Im Nordteil der Insel ziehen von den Peñas del Chache verschiedene Barrancos in östlicher Richtung tief eingeschnitten durch das Basaltmassiv. Sie sind zu regenreicheren Zeiten – möglicherweise während der Eiszeiten – entstanden.

In der Gegenwart führen sie nur zeitweise nach starken Regenfällen Wasser. Seine Menge reicht jedoch nicht mehr zu kraftvoller Erosion aus.

Auch die Barrancos auf Lanzarote sind zumindest in Teilen ihrer Strukturen Refugien der Wildnis. Während der Talgrund, die Aue des zeitweise fließenden Baches, terrassiert wurde, sind die steilen Seitenwände unberührt von menschlicher Nutzung geblieben. Hier kann sich ursprüngliche Natur entfalten.

Barranco de Teneguime

Das größte und in seiner ursprünglichen Form am besten erhaltene Tal dieser Art ist der "Barranco de Teneguime", der seit 1994 als Landschaftsschutzgebiet ("Paisaje Protegido") gesetzlich geschützt ist. Er liegt im Hinterland der Ortschaft Guatiza.

Um ihn zu erreichen, wandert man aus Guatiza in westlicher Richtung. Man ist zunächst von intensiv landwirtschaftlich genutzten Flächen umgeben. Sehr schnell jedoch wird die Nutzung

Der Federbusch (Kleinia neriifolia) wirft seine Blätter im Sommer ab und blüht erst in der heißen Jahreszeit.

extensiver. Hier ist der Wiedehopf häufig. Im Frühjahr ist der klagende Ruf des Triels zu hören oder vielleicht sogar dieser selbst zu entdecken. Dieser Vogel liebt die im Grenzbereich zur intensiv genutzten Kulturlandschaft zu findenden Ödland- und Ruderalstandorte.

In den nur noch als Ziegenweide genutzten Flächen, die vor der Öffnung des Barranco liegen, wächst in großer Zahl der Breitblättrige Blaustern (*Scilla latifolia*), eine blaulila blühende seltene Lilie. Steil reckt sich die Südwand des Tales vor den Blicken eindrucksvoll empor. Die Basaltsäulen sind vielfältig von einer großen Zahl von Höhlen durchsetzt. Das warnende Rufen von Turmfalken (*Falco tinnunculus*) läßt ihre Bedeutung als Bruthabitat für viele Vögel deutlich werden. Felsentauben schießen pfeilschnell durch das Tal, und Kolkraben kreisen argwöhnisch hoch in der Luft. An vielen Stellen sind die Felssimse weiß bekleckert – gefährdete Arten wie der Schmutzgeier und der Gelbschnabelsturmvogel sollen hier brüten. Auch die erst kürzlich als eigene Art beschriebene, auf den Ostinseln endemische Schleiereule (*Tyto gracilirostris*) ist zu vermuten.

Eine breite Geröllhalde türmt sich zu halber Höhe an der Basaltwand auf. Sie schimmert im Frühjahr fliederfarben. Verursacht wird dies durch den mit Sicherheit auf Lanzarote größten Bestand der Kanaren-Krummblüte (*Campylanthus salsoloides*), eines kanaren-endemischen Rachenblütlers. Wahrscheinlich ist dies auch die einzige Stelle auf der Insel, an der dieser bis zu zwei Meter hohe Strauch mit dunkelvioletten Blüten vorkommt.

Diese Impression eines – wenn auch bescheidenen – Wäldchens bietet einer weiteren Rarität Lebensraum: die seltene Lanzarote-Blaumeise (*Parus caeruleus degener*) turnt im Geäst. Deutlich ist zu erkennen, daß ihre Kopfplatte nicht blau, sondern schwarz gefärbt ist.

Bei der Wanderung im Barranco de Teneguime folgt man am besten dem trockenen Bachbett. Anfangs wird es von terrassierten Flächen mit Feigenbäumen (*Ficus carica*) begleitet. Der Boden ist von vereinzelter Vegetation überzogen. Die blau blühende Ästige Sommerwurz (*Orobanche ramosus*) und auch ein Aronstab (*Arisarum vulgare*) sowie der Breitblättrige Affodil (*Asphodelus aestivus*), das Schweifblatt (*Dipcadi serotinum*), der Asphaltklee (*Bituminaria bituminosa*) und der Fiederblättrige Lavendel (*Lavandula pinnata*) wachsen hier. Bald jedoch verengt sich das Tal zu einer engen tiefen Klamm. Beeindruckend hoch ragen links und rechts die steilen Wände auf. Die niederrauschenden Wassermassen haben die Vegetation bis zum blanken Fels weggerissen. Eine tiefe Stille macht sich breit.

Oben: Am Tage aktiv ist der Nachtfalterbär Utetheisa pulchella – eine im Herbst recht häufige Art.
Rechts: Der Blaustern (Scilla latifolia) ist ein auffälliger Herbstblüher.

Barranco de Malpaso

Die seitlichen Hänge der Serpentinen der Straße von Teguise nach Haria, die in das Tal von Haria herabführen, sind im Frühjahr von Blütenpracht überzogen. Zu genießen ist dies jedoch wegen des starken Straßenverkehrs nur in sehr beschränktem Maße. Hierzu sucht man den Barranco de Malpaso auf, der mit einem sanft gemuldeten Valle westlich von Haria beginnt.

Für die heutige landwirtschaftliche Nutzung ist dieses Tal zu klein. Es kann sich daher ein reicher Bestand an Pflanzenarten entfalten. Besonders auffällig ist das gelbblühende Lanzarote-Rutenkraut (*Ferula lancerottense*), ein auf den östlichen Kanaren endemischer Doldenblütler. Übermannshoch ragen die Blütenstände aus dem feinfiedrigen dichten Blattwerk hervor. Bis zu einem Meter hoch wird eine andere Pflanze, die Christusdistel (*Carlina salicifolia*). Sie besitzt breite graue Blätter mit stechender Spitze und große gelbe Sammelblüten.

Das Vorhandensein von Sträuchern und Bäumchen, bei denen es sich um angepflanzte Exemplare der auf Lanzarote ursprünglich nicht vorkommenden kanarischen Kiefer (*Pinus canariensis*) handelt, bieten Lebensraum für einige ornithologische Raritäten. Nur hier ist auf Lanzarote im Frühjahr und Herbst das Singen von Kanarengirlitzen, der

Die Hänge des Barranco de Malpaso sind dicht mit der gelb blühenden Fiederspaltigen Gänsedistel (Sonchus pinnatifidus) bestanden. Sie wird gern von Ziegen gefressen und ist daher selten geworden.

Stammart des Kanarienvogels, zu hören. Er wurde erst in jüngster Zeit für diese Insel nachgewiesen. Es besteht daher der Verdacht, daß die Vorfahren der hier lebenden Population ausgesetzt wurden. Zwei weitere Arten, die Brillengrasmücke, aber auch die auf Lanzarote weniger häufige Samtkopfgrasmücke, turnen in den Büschen. Um sie zu sehen, sucht man am besten in Ruhe die Buschvegetation mit dem Fernglas ab.

Der Aufstieg im Kerbtal ist eine der landschaftlich schönsten Wanderungen auf Lanzarote. Das trockene Tal des Baches, an dessen südlichem Rand ein

Oben: Die Brillengrasmücke ist auf Lanzarote ein verbreiteter Brutvogel.
Unten: Eine seltene Strandfliederart mit geflügelten Blütenständen: Limonium bourgeaui.

Oben: Der Seidige Goldstern (Nauplius sericeus) - ein Lanzarote-Endemit.
Unten: Steile Felswände begrenzen die Südseite des Barranco de Malpaso.

leicht begehbarer Weg verläuft, ist mit Felsbrocken gefüllt.

Wir treffen auf viele für Lanzarote typische Pflanzen. Ein Aronstab (*Arisarum vulgare*) tritt auf, zudem Breitblättriger Affodil (*Asphodelus aestivus*) und auch der Lanzarote-Natternkopf (*Echium lancerottense*).

Der Blick zurück ins Tal ist besonders eindrucksvoll: Das mit der Kanarischen Dattelpalme (*Phoenix dactylifera*) reich bestandene Städtchen Haria liegt am Fuße des so regelmäßig geformten Vulkans Monte Corona unter uns. Im Frühjahr rahmt die Blütenpracht der Nordhänge des Bachtales das Bild prachtvoll ein. Auf brachliegenden landwirtschaftlichen Nutzflächen dehnt sich flächendeckend die gelb blühende Fiederspaltige Gänsedistel (*Sonchus pinnatifidus*).

Diese Pflanze ist gegen Ziegenbeweidung sehr empfindlich und daher vielerorts selten. Die Bestände sind mit Tupfern der sattgelb blühenden Strauchmargerite (*Argyranthemum maderense*) durchsetzt, die nur auf Lanzarote vorkommt.

Weitere Besonderheiten der Insel, die Strandflieder *Limonium puberulum* und *L. bourgeaui*, sind hier zu finden. Etwa zwanzig dieser Arten, die hier Siempreviva, d. h. "Immerleben", genannt wird, gibt es auf den Kanaren. Sie alle sind gefährdet, weil sie gern zur Anfertigung von Trockensträußen gesammelt werden. Wegen ihrer papierartigen blauvioletten trichterförmigen Kelche und der weißen Blütenblätter sehen diese ausgesprochen prachtvoll aus.

Besonders gut vertreten ist in diesem Barranco auch das Lanzarote-Aeonium (*Aeonium lancerottense*). Es ist die einzige von insgesamt 35 kanarischen Arten dieser Dickblattgewächse, die auf Lanzarote vorkommt. Viele dieser Arten sind inselspezifisch und haben nur begrenzte Verbreitung. Sie stehen alle unter internationalem Schutz. Die Gattung *Aeonium* bietet ein typisches Beispiel für das biologische Phänomen der adaptiven Radiation.

Schließlich erreicht man das Hochplateau des Famara-Massivs, wo die starke Erosion offenbar mit der Pflanzung großer Bestände der auf Lanzarote fremden Rundäugigen Akazie (*Acacia cyclops*) bekämpft werden soll. Von hier ergibt sich ein eindrucksvoller Blick auf die Bucht von Famara und die Ebene El Jable. Wandert man nordwärts, liegen in traumhaftem Panorama die Inseln La Graciosa und Montaña Clara im Ozean.

Unten: Vom Rande des Risco de Famara ergibt sich ein wunderschöner Blick auf die vorgelagerten Eilande Isla Graciosa, Montaña Clara und Alegranza.

Malpaís de la Corona

Vor nur 2000 bis 3000 Jahren entstand das Coronamassiv mit dem Monte Corona durch einen Vulkanausbruch im Norden der Insel. Die Hauptmasse der Lava floß hierbei nach Osten ab und verschob die alte Küstenlinie um einige Kilometer ins Meer. Es entstand ein ca. 50 km großes Lavafeld, das Malpaís de la Corona genannt wird und als Naturdenkmal (Monumento Natural) geschützt ist. Malpaís bedeutet soviel wie "schlechtes Land". Es ist charakterisiert durch die sogenannte Aa-Lava, die aufgrund ihrer zerklüfteten Oberfläche nur schwer begehbar und landwirtschaftlich nicht nutzbar ist. An vielen Stellen liegen gewaltige Felsbrocken, die auf dem heißen Lavastrom bis hierhin geschwommen sind. Unter der erkaltenden Oberfläche entwickelte sich als weitere Besonderheit ein Lavatunnel.

Es sind nur wenige Pflanzenarten, die auf der jungen nackten Lava zu existieren vermögen. Flach an die Steine gepreßt, wachsen hier vor allem Flechten wie *Stereocaulus vesuvianus*. Als höhere Pflanze tritt der mit hakigem Blattrand versehene Strauchige Krapp (*Rubia fruticosa*) auf. Landschaftsprägend sind die Sukkulenten Balsam- und Stumpfblättrige Wolfsmilch (*Euphorbia balsamifera* und *E. obtusifolia*) sowie der Federbusch (*Kneria neriifolia*). Kanarenpieper, Brillengrasmücke und Raubwürger beleben das durch große Stille ausgezeichnete Lavafeld. Der Reichtum an kleinen und großen Höhlen bietet Felsentaube, Turmfalke und auch der Schleiereule, einer auf den Ostinseln eigenen Art (*Tyto gracilirostris*), Brutmöglichkeiten.

Von grandioser Schönheit ist der schroffe Übergang des schwarzen Gesteins in den blauen Atlantik. Die Grenzlinie bildet eine schneeweiße Zone schäumender Gischt. Hier sind große weiße Vögel bei der Nahrungs-

Links: Das vor allem von der Balsam- und der Stumpfblättrigen Wolfsmilch bewachsene Malpaís de la Corona wird vom Vulkan Monte Corona eindrucksvoll überragt. Oben: Der bäumchenartige Federbusch (Kleinia neriifolia) ist ein Korbblütler. Unten: Die Heuschrecke Derycoris l. lobata trägt hinter dem Kopf einen Buckel. Sie lebt auf Lavageröll und ist endemisch auf Lanzarote.

suche zu entdecken. Es sind Seidenreiher, die sich als Wintergäste auf Lanzarote aufhalten und leicht an ihren schwarzen Beinen und den gelben Füßen zu erkennen sind. Das Tosen der Brandung wird vom melodischen Flöten überwinternder Regenbrachvögel durchdrungen. Auch sie suchen hier zur Zeit des Niedrigwassers Nahrung.

Der enge Kontakt zum Meer ist für ein weiteres eindrucksvolles Phänomen verantwortlich. Gleißend weiß aus dem Atlantik herausgeweht, findet sich südlich von Orzola ein ausgedehntes Sandfeld, das die Lava großflächig überdeckt. Es steht im optischen Kontrast zur pechschwarzen Lava. Auch hier tür-

men Pflanzen wie Dornlattich (*Launaea arborescens*) und *Traganum moquinii* Sand auf. In den Tälern zwischen diesen findet sich eine kleine faustförmige Pflanze, die wie ein herangerollter Lavastein aussieht. Ihre Blätter beinhalten blauviolette Anthocyan-Farbstoffe. Es ist *Senecio leucanthemifolius*. Außerdem wächst hier eine nur auf den östlichen Kanaren vorkommende Kristallresede (*Reseda lancerotae*). Und noch eine weitere einzigartige Besonderheit birgt dieser Lebensraum: Nur an dieser Stelle auf Lanzarote findet sich die Wüstenorchidee (*Cistanche phelypaea*). Ihre prächtigen gelben Blütenstände stehen immer in der Nähe von *Launaea* und *Traganum*, an denen sie parasitiert.

Aufstieg zum Krater des Monte Corona

Der Vulkan Monte Corona – Teil des Naturdenkmales (Monumento Natural) "La Corona" – prägt das Bild des Nordens der Insel, obwohl er mit 609 Metern nicht ihr höchster Punkt ist. Er hat klassische Vulkangestalt mit nach Norden offenem Krater. Schon Alexander von Humboldt hob dies in der Beschreibung seiner Reise nach Amerika hervor, bei der sein Schiff den Meeresarm El Rio zwischen Lanzarote und dem Eiland Graciosa durchsegelte. Im Zuge der Aktivität des Monte Corona, die nur wenige tausend Jahre zurückliegt, entstand das östlich des Vulkans gelegene Malpaís de la Corona. Ein geringer Teil der ausgestoßenen Lava floß nach Westen und stürzte über sogenannte Lavafälle den Risco de Famara hinunter.

Die Wanderung beginnt am besten im nördlich des Vulkans gelegenen Örtchen Ye. Sie führt durch Wirtschaftswege in dem hier gelegenen Weinanbaugebiet. Jeder der Weinstöcke ist durch Mauern aus schwarzen Lavabrocken vor dem Wind geschützt. Sie sind ein optimaler Lebensraum der auf Lanzarote endemischen Eidechse *Gallotia atlantica atlantica*. Die prächtigen erwachsenen Männchen sind durch eine Serie grüner Flecken am Vorderkörper gekennzeichnet.

Die vom Passat zum Monte Corona hochgeführte Luft kondensiert in dieser Region. Folge ist eine kräftige Entwicklung von Flechten, die Wasser und Nährstoffe der Atmosphäre entnehmen. So sind neben den Steinen auch die hier angebauten Eßfeigen (*Ficus carica*) und Mandeln (*Prunus dulcis*) dick mit grauen strauchigen Flechtenthalli behangen. Es handelt sich vor allem um die in der nördlichen Hemisphäre weit verbreitete *Ramalina duriaei* und eine weitere Ramalina-Art.

Die Weingärten stoßen direkt an die Basis des Kraters. Hier beginnt eine

vollständig ungenutzte Zone mit einer großen Vielfalt an Pflanzenarten. Auch hier sind die mehrjährigen Pflanzen (*Euphorbia balsamifera, Nauplius intermedium*) grau mit Flechten überzogen. Im Frühjahr blühen Lanzarote-Natternkopf (*Echium lancerottense*) und Kanaren-Scheinkrokus (*Romulea columnae*). Es ist einer der wenigen Plätze, an denen gute Bestände des Kanaren-Hahnenfußes (*Ranunculus cortusifolius*) wachsen. Im Schutze der Felsspalten findet sich vereinzelt das Dickblattgewächs *Umbilicus horizontalis*.

Links: Der Vulkan Monte Corona prägt den Norden Lanzarotes.
Oben: Die Atlantische Eidechse bildet auf Lanzarote eine eigene Unterart. Sie ist überall anzutreffen..
Rechts: Der Kanaren-Hahnenfuß (Ranunculus cortusifolius) überzieht prächtig blühend die Hänge des Vulkans Monte Corona.

Vom geöffneten Kraterrand vermag man in den Schlund zu schauen – in der Hoffnung, daß eine neuerliche Eruption nicht gerade in diesem Moment einsetzen möge. Lohnend ist der Aufstieg durch Matten des Kanaren-Hahnenfußes auf den östlichen Kraterrand. Hier ergibt sich ein sehr weiter Blick über das Malpaís de la Corona, die Küste und das Dünenfeld bei Orzola. Fern im Atlantik ist eine weitere Kraterspitze zu sehen, das Eiland Roque del Este. Vor allem aber sind bei genauerem Hinsehen eine Reihe ovaler Löcher im Lavafeld zu erkennen, die sich in leicht geschwungenem Verlauf zur Küste ziehen. Dies sind die Deckeneinbrüche des Lavatunnels – Jameos genannt –, der sich vom Vulkan bis in den Atlantik zieht.

Oben: Blau blühende Matten des Lanzarote-Natternkopfes (Echium lancerottense) umgeben das Dickblattgewächs Umbilicus horizontalis.
Unten: Bunte Frühjahrspracht am Monte Corona.
Rechts: Ein beklemmender Blick in den Krater.

Der Lavatunnel im Malpaís de la Corona

Eine der eindrucksvollsten geologischen Besonderheiten Lanzarotes ist der Lavatunnel im Malpaís de la Corona. Sein Anfang liegt direkt am Monte Corona, von dem er durch das gesamte Lavafeld bis weit ins Meer zieht. Mit insgesamt 8400 Metern Länge ist er der größte Lavatunnel der Erde. Er entstand, als der Vulkan vor 2000 bis 3000 Jahren aktiv war. Lavatunnel bilden sich, wenn unter der erkaltenden Oberfläche eines Lavafeldes die noch flüssige Lava weiterströmt. Bei Verringerung des Zustroms gefriert wiederum die Oberfläche der noch verbliebenen Lavamasse innerhalb des ursprünglichen Tunnels. Auf diese Weise können eine oder auch mehrere Zwischendecken entstehen. Nachdem die Eruption des Vulkans zum Stillstand gekommen ist, fließt die gesamte noch flüssige Lava ab. Die Zwischendecken jedoch bleiben als sogenannte Galerien erhalten.

Das Tunneldach kann an einigen Stellen einbrechen. Auf Lanzarote wird ein so entstandenes Einsturzloch "Jameo" genannt. Jameos kennzeichnen den Verlauf des Lavatunnels, wenn man von erhöhter Stelle auf dem Monte Corona das Malpaís de la Corona überblickt. Es gibt sowohl Einbrüche nahe dem Vulkan (Jameos de Arriba) wie auch in seinem weiteren Verlauf zur Küste.

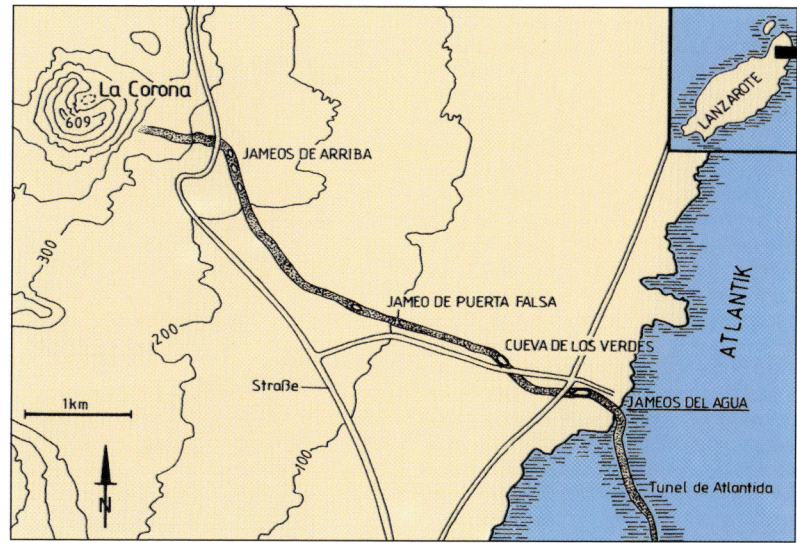

Ein besonders großer Einbruch liegt etwas schwer entdeckbar nördlich der Straße, die zur Cueva de los Verdes führt. Er verdeutlicht das enorme Lumen des Lavatunnels genauso, wie auch ein Eindruck der Dicke und Schichtung der Tunneldecke sichtbar wird. Die Geröllmassen am Grunde des Tunnels sind von Pflanzen bewachsen, wie sie für das Lavafeld typisch sind. Dieser Bereich ist Bruthabitat für Felsentaube, Turmfalke und Schleiereule.

Näher in Richtung zur Küste liegt derjenige Einbruch, der den Zugang zur touristisch erschlossenen "Cueva de los Verdes" bildet. Dieser Abschnitt des Tunnels ist durch die deutliche Ausbildung der Galerien sowie eine Vielzahl mit der Genese des Lavatunnels zusammenhängender geologischer Phänomene berührt. Aus Funden von Gerätschaften weiß man, daß die Cueva de los Verdes den Einheimischen als Versteck vor Seeräubern und Sklavenjägern diente.

Links: Der vom Lavatunnel gebildete Hohlraum hat über zehn Meter Durchmesser.
Oben: Verlauf des Lavatunnels im Malpaís de la Corona.
Unten: Die Einbrüche der Decke des Lavatunnels werden Jameos genannt. Der Jameo de la Puerta Falsa liegt westlich der Cueva de los Verdes direkt neben der Straße.

Der größte Teil des Lavatunnels ist staubtrocken. In Küstennähe jedoch sinkt er unter das Niveau des Grundwasserspiegels ab. Hier finden sich dicht nebeneinander zwei Jameos, Jameo Grande und Jameo Chico, die direkt in den überschwemmten Tunnel führen. Dieser Tunnelabschnitt heißt daher "Jameos del Agua". Heute ist auch dieser Teil touristisch erschlossen. Anschließend an die "Jameos del Agua" ist der Lavatunnel bis zur Decke vollständig mit Meerwasser gefüllt. Dieser unter dem Meeresboden liegende Teilbereich wird "Tunel de la Atlantida" genannt. Er hat eine Länge von 1400 Metern und befindet sich an seinem Ende fünfzig Meter unter dem Meeresspiegel. Höhlentaucher haben außerdem festgestellt, daß er blind endet und nur durch kleine Öffnungen mit dem Meer verbunden ist.

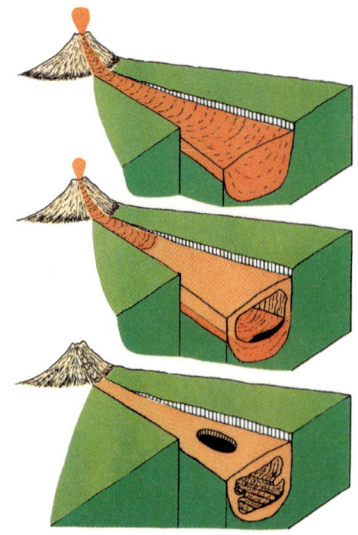

Rechts: Unterschiedliche Phasen der Entstehung eines Lavatunnels.
Unten: Vom Vulkan Monte Corona ergibt sich ein weiter Blick auf das Malpaís de la Corona. Die Jameos sind im Vordergrund und nahe der Küste zu erkennen.
Bild rechte Seite: Die Jameos del Agua: ein dem Tageslicht zugänglicher und vom Meerwasser überfluteter Abschnitt des Lavatunnels.

Jameos del Agua – ein Fenster in die Tiefsee

Als der deutsche Biologe W. Harms zu Beginn des 20. Jahrhunderts als erster Wissenschaftler die "Jameos del Agua" aufsuchte, mußte er dazu einen beschwerlichen Ritt auf einem Kamel vollziehen. Lediglich ein schmaler Schotterweg führte durch das Malpaís de la Corona vom Örtchen Arrieta dorthin. Seit 1966 sind die Jameos del Agua für den Tourismus erschlossen. Hunderttausende von Besuchern haben mittlerweile diesen Ort besucht, der nach den Plänen César Manriques gestaltet und der Öffentlichkeit zugänglich gemacht wurde.

Die "Jameos del Agua" bestehen aus dem engen Nebeneinander von zwei Einbrüchen, dem "Jameo Grande" und dem "Jameo Chico". Die Geröllhalden dieser beiden Deckeneinbrüche begrenzen ein Gewässer, das nur scheinbar ein isolierter unterirdischer See ist, weil durch Lücken zwischen den Lavabrocken hindurch viele Verbindungen sowohl zu den weiter landeinwärts gleichfalls unter Wasser stehenden Tunnelteilen wie auch zu dem im Meer liegenden "Tunel de la Atlantida" bestehen. Das gesamte im Tunnel zu findende Wasser ist salzig und stammt aus dem Meer. Dies wird am besten durch die Tatsache verdeutlicht, daß der Wasserstand des Gewässers in den Jameos del Agua im Gezeitenrhythmus schwankt. Ebbe und Flut treten jedoch zeitlich verzögert ein, weil im "Tunel de la Atlantida" nur enge Öffnungen zum Atlantik bestehen.

Das der Wissenschaft am längsten und in der Öffentlichkeit bekannteste Tier der "Jameos del Agua" ist der Krebs *Munidopsis polymorpha (*Galatheidae*),* der nur auf Lanzarote vorkommt. Man muß dicht an das Gewässer

43

*Oben: Die Krebse in den Jameos del Agua sehen auf den ersten Blick wie Spinnen aus.
Rechts: Die künstlerische Nachbildung des blinden Krebses am Eingang zu den Jameos del Agua ähnelt diesem Tier nur wenig.*

herantreten, um die ein bis zwei Zentimeter großen Tiere zu entdecken. Aufgrund ihrer weißen Farbe heben sie sich deutlich von den bräunlichen Steinen ab. Dem äußeren Anschein nach ähneln sie auf den ersten flüchtigen Blick hin eher einer Spinne als einem Krebs. Auf jeden Fall sind sie kleiner und sehen gänzlich anders aus, als es die vor dem Eingang zu den Jameos del Agua stehende einer Languste ähnelnde gewaltige Eisenkonstruktion die Besucher erwarten läßt.

Nimmt man sich Zeit, so vergeht der Eindruck, als seien die Tiere regungslos an den Steinen festgeklebt, und man bemerkt, wie sie sich langsam fortbewegen. Beim genauen Hinsehen ist zu erkennen, daß die beiden Scheren ständig abwechselnd zum Munde geführt werden, um Nahrung aufzunehmen. Selten findet eine hastige Flucht durch das Wasser statt, wobei die Krebse rückwärts schwimmen. Besonders lohnend ist ein Besuch am Abend, weil dann alle in den Jameos del Agua lebenden Krebse aktiv sind. Die lichtscheuen Tiere kommen zu dieser Zeit in großer Zahl aus ihren Verstecken im Geröll heraus, um auf der Oberfläche der Lavasteine zu fressen. Eine Taschenlampe erleichtert die Beobachtung.

Dr. Jakob Parzefall und Dr. Horst Wilkens, zwei Zoologen der Universität Hamburg, die sich viele Jahre mit den Jameos del Agua und seinen Bewohnern beschäftigt haben, fanden heraus, daß *M. polymorpha* auch außerhalb der Jameos del Agua in den mit Grundwasser gefüllten lichtlosen Spalten des Lavauntergrundes Lanzarotes lebt. In den Jameos del Agua hat sich jedoch die Art massenhaft entfaltet. Der Krebs ist blind und besitzt reduzierte Augen sowie kein dunkles Körperpigment. Dies liegt daran, daß er aus der Tiefsee stammt, wo auch die ihm nächstverwandten Arten vorkommen. Beispielsweise wurden Individuen dieser in über 3000 m Tiefe an den Heißwasserquellen der Tiefseescheitelgräben der Ozeane entdeckt.

Auch diese Tiere haben die zuvor genannten Organe reduziert, weil in der Tiefsee Dunkelheit herrscht und sie nicht mehr gebraucht werden.

In den Jameos del Agua kann der Krebs als Tiefseetier an der Oberfläche leben, weil er hier Nahrung findet und es keine Nahrungskonkurrenten oder Feinde gibt. Die unterschiedlichen Druckverhältnisse spielen keine Rolle, weil die Veränderung des Wasserdruckes ja nicht abrupt, sondern allmählich erfolgt ist. Die weitere Forschung wird wahrscheinlich ergeben, daß *M. polymorpha* den mehr als Tausend Meter in die Tiefsee reichenden spaltenreichen vulkanischen Sockel des gesamten Kanarischen Archipels besiedelt.

Die Krebse sind Allesfresser, leben aber in den "Jameos del Agua" hauptsächlich von den einzelligen Kieselalgen (*Diatomea*), die als bräunlicher Überzug auf den Steinbrocken zu erkennen sind. Diese Algen kommen mit geringer Lichtquantität aus und vermögen hier in dem durch die Einbrüche hereinfallenden schwachen Licht gerade noch zu wachsen. Für die lichthungrigeren Grün- oder Braunalgen reicht die Lichtintensität nicht aus, und wegen ihres

Fehlens können auch viele andere Tierarten – darunter die Nahrungskonkurrenten und Feinde von *M. polymorpha* – hier nicht existieren.Obwohl sie blind sind, können die Krebse sich untereinander auf verschiedene Weise verständigen. Mit den zwei langen dünnen und für uns schwer sichtbaren Fühlern ertasten sie die Annäherung eines anderen Tieres. Sie können dann rückwärts schwimmend entfliehen. Fühlt ein Individuum sich stark, wirft es dem anderen Druckwellen zu, die durch rhythmisches Schwenken beider Scheren erzeugt werden. Bei zu starker Annäherung eines Individuums an ein anderes kann es zu Kämpfen kommen. Auf diese Weise entsteht ein lockermaschiges Verbreitungsnetz, in dessen Knoten die Tiere auf den Steinen sitzen. Es vermittelt uns den Eindruck, als würden wir des Nachts in den sternenübersäten Himmel Lanzarotes schauen.

Die Weibchen unterscheiden sich äußerlich nicht von den Männchen, werden aber nicht so groß. Sie sind nach jeder Häutung begattungsbereit und sondern dann einen chemischen Stoff ab, der die Männchen anlockt. Die Begattung erfolgt in einer wenige Sekunden dauernden Vereinigung der beiden Geschlechtspartner. Sie ist extrem selten zu beobachten und wurde von Forschern bislang nur ein einziges Mal verfolgt.

Links: Die Weibchen der blinden Krebse tragen die Eier unter dem Hinterleib
Unten: Die Männchen der blinden Krebse besitzen sehr große Scheren, die auch der Verteidigung dienen.

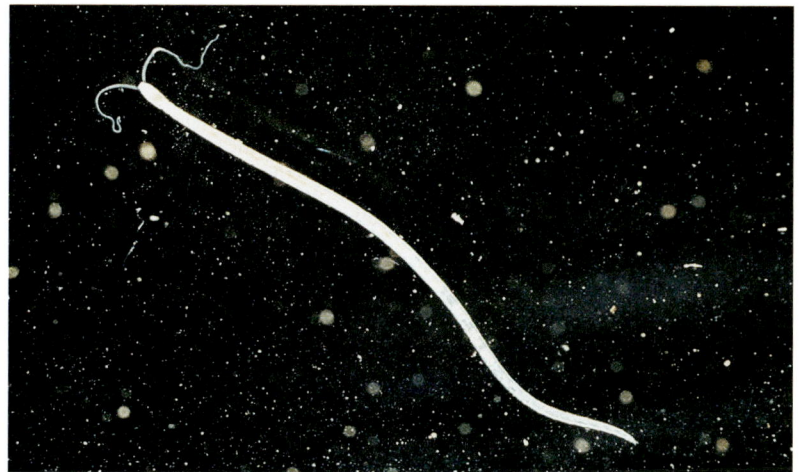

Oben: Ein blinder Höhlenwurm lebt im untergetauchten Teil des Lavatunnels. Rechts unten: Der blinde Flohkrebs Speleonicippe buchi: von Wissenschaftlern der Universität Hamburg entdeckt und neu beschrieben.

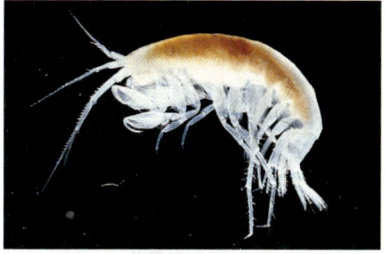

Die weiblichen Krebse treiben Brutpflege, indem sie wenige, im Mittel drei dotterreiche Eier unter ihrem eingeschlagenen Hinterkörper tragen. Diese werden ständig mit dem letzten Beinpaar gereinigt. In mehreren Wochen entwickelt sich aus den Eiern eine äußerlich vom Aussehen des erwachsenen Krebses abweichende Larve, die zu Boden fällt. Sie kann sich nicht fortbewegen und dürfte deswegen ein hochgradig gefährdetes Stadium im Lebenszyklus des Krebses sein. Erst aus ihr entsteht in mehreren Häutungsschritten ein winziger, der ausgewachsenen Form ähnelnder Krebs.

M. polymorpha ist nicht der einzige aus der Tiefsee stammende Bewohner der "Jameos del Agua". Etliche andere gehören dazu, sind aber weitaus seltener und auch schwierig zu erblicken, weil sie sich vor allem am Tage im Geröll verbergen. Es sind dies verschiedene Flohkrebse (*Amphipoda*), Asseln (*Isopoda*), Muschelkrebse (*Ostracoda*) und Vielborster (*Polychaeta*). Insgesamt wurden durch Wissenschaftler über zehn neue Arten entdeckt. Sie alle sind gleichfalls augenlos und völlig bleich und wurden bislang nur auf Lanzarote gefunden.

Bei genauem Hinsehen jedoch entdeckt man weitere Tiere, die allerdings Augen und Pigment besitzen und nicht aus der Tiefsee stammen. Auf den feuchten Stufen des Gewässerrandes sind bräunliche Tiere von etwa einem Zentimeter Größe zu sehen, die auf der

Seite liegend zu rutschen scheinen. Es sind Flohkrebse (*Parhyale multispinosus*), die hier Nahrung suchen. Sie sind völlig harmlos und haben mit den Flöhen nur den Namen gemein. Sie leben normalerweise in Seewassertümpeln an der Küste.

Ein weiterer Krebs ist in größerer Anzahl zu beobachten. Es ist ein Spaltfußkrebs (*Heteromysoides cotti*, Mysidacea), der etwa fünf Millimeter groß und gleichfalls bräunlich gefärbt ist. Er hastet flach über die Steine schwimmend, gelegentlich charakteristische ruckartige Sprünge und Richtungsänderungen machend. Dabei bürstet er seine Nahrung auf.

Auch Flohkrebs und Spaltfußkrebs leben nur auf Lanzarote und sonst nirgendwo anders auf der Erde. Weniger elitär ist dagegen der Rüsselwurm (*Bonellia viridis*), der auch im Mittelmeer und im Atlantik verbreitet ist. Die bis 15 cm großen Weibchen leben festgeklemmt in den Spalten am Grunde der "Jameos del Agua". Ihre Nahrung bekommen sie, indem sie einen bis zu einem Meter langen Rüssel über die Steine legen. Er fängt Nahrung ein, die über ein Transportband aus Flimmerhaaren zum Mund bewegt wird.

Die "Jameos del Agua" wurden 1966 für den Tourismus geöffnet. In den darauffolgenden Jahren konnte ein steter Rückgang von *M. polymorpha* dokumentiert werden. Neben dem direkten Einfluß chemischer Substanzen (Reini-

Oben: Gesiella jameensis - ein blinder und pigmentloser Tiefseewurm aus dem Tunel de la Atlantida.
Unten: Auf der Geröllhalde unter dem Jameo Chico lädt ein Restaurant zum Verweilen in den Jameos del Agua ein..

gungsmittel, Algenwuchshemmer, Farb- und Lösungsmittel) ist wohl vor allem das Hineinwerfen von Münzen hierfür verantwortlich gewesen. Diese nämlich korrodieren im Seewasser und setzen Schwermetallionen frei, die sowohl die Krebse selbst wie auch ihre Nahrungsgrundlage, die Algen, zum Absterben bringen. Inzwischen bemüht sich die zuständige Verwaltung, diese Gefahrenquellen zu beseitigen. Vor allem dem Einwerfen von Münzen ist jedoch nach wie vor nicht hinreichend Einhalt geboten. Überall auf dem Gewässergrunde sind diese zu erkennen.

Es ist unbekannt, welche Bedeutung einer möglichen Eutrophierung dieses Lebensraumes zukommt. Ihre Auswirkungen werden verdeutlicht durch die Anwesenheit einer kleinen Kolonie von Weidensperlingen im Restaurationsbereich, die von den Brosamen der Besucher leben. Vor allem aber dürfte der enorme Autoverkehr oberhalb der "Jameos del Agua" einen starken Eintrag von Staub und Abgasen bewirken. Die Eutrophierung könnte im Gewässer eine Zunahme planktischer Tiere und Pflanzen auslösen, die als Nahrung für die Rüsselwürmer deren Zunahme bewirkten. Diese wiederum bedeuten sowohl Nahrungskonkurrenz für die ausgewachsenen Krebse wie auch eine räuberische Bedrohung für die Larven von *M. polymorpha*.

Oben: Immer wieder werden von den Besuchern Münzen in das Wasser der Jameos del Agua geworfen. Die darin enthaltenen Metalle korrodieren im Seewasser und stellen ein lebensgefährliches Gift für dieses einmalige Ökosystem dar.
Unten: Schnitt durch die Jameos del Agua.

Tunel de la Atlantida: Eine Schatzkammer für Biologen

Wenn man unterhalb der Jameos del Agua an der Küste steht, ist es schwer zu glauben, daß sich der Lavatunnel als "Tunel de la Atlantida" über einen Kilometer in 50 Metern Tiefe unter unseren Füßen weiter in den Atlantik erstreckt. Das einzig Sichtbare dieses Tunnelabschnittes ist sein Anfang. Es ist ein künstlich beleuchtetes kleines Gewässer, das man sich innerhalb der "Jameos del Agua" ansehen kann. Es liegt diametral entgegengesetzt zu dem zuvor beschriebenen Gewässer am Fuße der Geröllhalde im Hintergrund des Restaurants.

Da der "Tunel de la Atlantida" völlig unter Wasser liegt, war seine Erkundung und biologische Erforschung erst in jüngster Zeit möglich. Wesentliche Voraussetzung war die wenige Jahre vorher erfolgte Entwicklung geeigneter Tauchausrüstungen. An den Expeditionen waren spanische, deutsche und amerikanische Wissenschaftler beteiligt. Dabei wurden etliche neue Arten gesammelt, zum größten Teil Krebse, aber auch Bor-

Links: Der unter dem Meeresboden liegende Tunel de la Atlantida ist 1400 m lang und endet blind. Er wurde in gefährlichen Tauchgängen erst vor wenigen Jahren vollständig erkundet.
Oben: Vertreter einer neuen Tierklasse: der blinde bis 3 cm grosse Höhlenschwimmer Speleonectes ondinae.

stenwürmer (*Polychaeta*) der verschiedensten systematischen Gruppierungen. Am bedeutendsten war der Fund des bis zu drei Zentimeter großen Höhlenschwimmers, *Speleonectes ondinae*. Auf der ganzen Erde war dies die zweite Art, die als Vertreter einer ganz neuen, erst 1980 auf den Bahamas entdeckten Tierklasse der Krebse, der Remipedia, gefunden wurde.

Der Höhlenschwimmer ähnelt auf den ersten flüchtigen Blick sehr stark einem wasserlebenden Tausendfüßler. Er besitzt dreißig Paare von Beinen. Der Körper ist weiß, weil die dunklen Pigmente reduziert sind. Auch die Augen fehlen, denn alle *Remipedia* leben in Höhlen, wo wegen des Fehlens des Lichtes diese Organe reduziert sind. Das Tier rudert pausenlos mit den Beinen und schwimmt dabei mit wellenförmigen Bewegungen des ganzen Körpers ohne Unterlaß durch das Wasser. Über die Art seiner Nahrung und seine Lebensweise ist bislang fast gar nichts bekannt.

Auch alle anderen hier entdeckten Arten sind bleich und augenlos. Es sind auf Lanzarote endemische Formen, die aufgrund der Verbindung des "Tunel de la Atlantida" zu den "Jameos del Agua" auch hier gelegentlich zu sichten sind. Sie sind im übrigen auch nicht auf den Lavatunnel begrenzt. Inzwischen konnte gezeigt werden, daß sie generell in dem überwiegend salzigen Grundwasser Lanzarotes ihren Lebensraum haben. Viele von ihnen sind wie der blinde Krebs *Munidopsis polymorpha* mit Arten in der Tiefsee nah verwandt.

Der Timanfaya-Nationalpark – in einer Mondlandschaft erwacht das Leben

Die Eruption des Vulkans Timanfaya war sowohl durch die Dauer wie auch durch das Volumen des emittierten Materials die spektakulärste aller derartigen Ereignisse in historischer Zeit auf den Kanarischen Inseln. Die Vulkane der Feuerberge waren das Zentrum der Lavaemissionen, die vom 1. September 1730 bis zum 16. April 1736 dauerten. Insgesamt wurden etwa 1,3 km^3 Magma ausgestoßen:

"Am 1. September abends öffnete sich plötzlich die Erde in der Nähe des Timanfaya zwei Meilen von Yaiza entfernt. In der ersten Nacht erhob sich ein riesiger Berg aus dem Schoß der Erde. Aus der Bergspitze schlugen Flammen, die neunzehn Tage unaufhörlich loderten." So schilderte der Pfarrer aus Yaiza das Geschehene.

Die mehrjährigen Eruptionen verwüsteten ein knapp 200 km^2 großes landwirtschaftlich wertvolles Gebiet, das unter einer mehrere Meter dicken Lava- und Ascheschicht versank. Die Lava floß hauptsächlich nach Westen und Nordwesten ab und erreichte das Meer. Die scharfkantige und zerklüftete Oberfläche weist sie als Aa-Lava aus, ein Lavatyp, der durch einen relativ hohen Kieselsäuregehalt zustandekommt. Derartige Lava ist schwer begehbar und nicht nutzbar.

Zum kleineren Teil floß die Lava nach Osten ab, um hier einen nördlichen Teilstrom abzugeben, der in "El Jable" steckenblieb, während der Hauptstrom nördlich von Arrecife ins Meer floß. Bei

dieser Lava handelt es sich um dünnflüssigere Pahoehoe- oder Stricklava. Die Oberfläche ist glatt oder entwickelt größere Flächen mit Strickmustern ähnlicher Gestalt. Zudem treten gewölbte Lavaschilde ohne auffällige Oberflächenmuster auf. Dies ist besonders gut im Weinanbaugebiet "La Geria" zu besichtigen.

Die neu entstandene Küstenlinie ist steil und schroff. In einer "Los Hervideros" genannten Zone erodiert der Atlantik tiefe Höhlungen ins Lavafeld. Dabei schlägt die Brandung die Gischt meterhoch in die Luft.

Ein weiterer sehenswerter Punkt ist der Tuffkrater "El Golfo", den die Meeresbrandung angeschnitten hat. Zu seinen Füßen liegt ein Gewässer, das durch

Links: Die Vulkane der Feuerberge.
Oben: Kamelritt in die Feuerberge.
Rechts: Musterbildungen der dünnflüssigen Pahoehoe- oder Stricklava.

die massenhafte Entwicklung einzelliger Algen, die an überhöhte Salzgehalte angepaßt sind, eine eigentümliche grüne Färbung hat.

Der östliche durch Fahrstraßen erschlossene Teil des Nationalparkes ist großflächig mit Aschen und Lapilli überdeckt. Hierbei handelt es sich um vulkanische Lockermassen (Pyroklastite oder Tephra), die Vulkane unter hohem Druck auswerfen. Korngrößen bis zu zwei Millimeter werden Aschen, solche zwischen 2 und 64 mm Lapilli und noch größere Schlacken genannt. Die unterschiedlichen Farbtöne sind durch chemische Zusammensetzung, Entstehungs- und Abkühlungstemperaturen bedingt.

Die schroff zerklüftete pechschwarze Landschaft, die die roten Feuerberge umgibt, erweckt einen toten Eindruck, wenn man sie betreten hat. Der Gesang der Stummellerche, die allgegenwärtigen Laute des Kanarenpiepers und das einsame spärliche Singen des Raubwürgers sind hier verstummt. Der erste Schein trügt jedoch. Für etliche seltene Vogelarten bietet der Park sichere und ungestörte Brutmöglichkeiten wie etwa für den Schmutzgeier und einige Sturmvögel. Auf dem nackten Fels des Lavafeldes konnten bereits Vertreter von 150 Flechtenarten gefunden werden. Allerdings nehmen die grau gefärbte krustenartige Flechte *Stereocaulon vesuvianum* und die schwefelgelbe Art *Ramalina bourgeana*, die ihre verzweigten Thalli geweihartig in die Höhe streckt, die Hauptmasse ein. Eine geschlossene Pflanzendecke ist nicht entwickelt, obwohl viele vereinzelt wachsende Gefäßpflanzen gefunden wurden. So sind schon am Parkeingang die hohen Horste der Stechenden Binse (*Juncus acutus*) zu erkennen, die vorwiegend die Lapilli-Zonen besiedelt.

Wissenschaftler der Universität La Laguna in Teneriffa stellten fest, daß 25 Insekten- und Spinnenarten diesen Lebensraum ständig bewohnen. Eine Käferart stellt eine Besonderheit dar: Sie hat sich an die Dunkelheit innerhalb des

Ramalina canariensis ist eine auffällige Flechte im schwarzen Lavafeld.

Der gewaltige eingestürzte Krater des Kesselvulkans Caldera Blanca.

Spaltensystems der Lava angepaßt und hat wie in Höhlen oder der Tiefsee lebende Tiere ihre Augen reduziert, da sie sie nicht mehr benötigt. Alle Arten sind an außerordentlich harte Lebensbedingungen angepaßt, denn beispielsweise herrschen tagsüber auf der schwarzen Lava extrem hohe Temperaturen. Viele Formen sind daher nachts aktiv. Weiterhin ist Nahrung wegen des geringen Pflanzenwuchses sehr knapp. Einige Formen fressen an den relativ zahlreicher vorkommenden Flechten.

Die Mehrzahl ist jedoch Aasfresser und hat sich auf eine überaus ungewöhnliche Nahrungsquelle spezialisiert. Sie nutzen das sogenannte biologische Fallout. Hierbei handelt es sich um mit dem Wind verdriftete Insekten und Spinnen, die in der Luft von anderen Teilen der Insel oder unter Umständen von weiter getragen werden. Sie gehen auf dem Lavafeld zu Boden, kommen dabei zu Schaden oder sind zu entkräftet zum Weiterflug und verhungern.

Innerhalb des Lavafeldes finden sich an verschiedenen Stellen ältere Krater, die nicht von der Lava überflossen, sondern umflossen wurden und heute wie Inseln aus ihr hervorragen. Sie sind artenreicher und schreiten dem umgebenden historischen Lavafeld aufgrund ihres geologischen Alters in der biologischen Entwicklung voraus. Der höchste derartige Bereich ist die Caldera Blanca. Dies ist ein kesselförmiger Krater, der durch den Einsturz seiner inneren Füllung seine namensgebende Form erhalten hat und wie alle derartigen Formationen als Kesselkrater (Caldera) bezeichnet wird.

Etwa ein Drittel des entstandenen Lavafeldes (51 km^2) wurde 1974 zum Timanfaya-Nationalpark erklärt. Als Pufferzone wurde der Naturpark (Parque Natural) "Los Volcanes" um den Nationalpark herum eingerichtet.

Felswatt, Lagunen und Salinen

Die einst zur Salzgewinnung aus dem Meer erbauten Salinen wirken in ihrem symmetrischen Muster einer Vielzahl rechteckiger Salzpfannen auf den Touristen von heute eher wie Kunst in der Landschaft. Ursprünglich einmal wurde das Salz zur Konservierung der von den Fischern Lanzarotes gefangenen Fische benötigt. Mit dem Rückgang der Fischerei und der Entwicklung der Kühltechnik begann auch der Niedergang der vielen auf Lanzarote betriebenen Salinen. Heute sind nur noch zwei dieser Produktionsstätten in Funktion: die Saline bei Janubio und eine weitere bei Los Cocoteros an der Küste östlich von Guatiza. Eine dritte, unter dem Mirador del Rio am äußersten Nordende Lanzarotes gelegene Saline, ist nicht mehr in Betrieb.

Bei der Salzgewinnung wird die Sonnenstrahlung zur allmählichen Eindickung des Seewassers ausgenutzt, das ursprünglich mittels Windmühlen über Leitungen direkt aus dem Meer herangeführt oder dem auf Lanzarote salzigen Grundwasser entnommen wurde. In den einzelnen Salzpfannen entstehen auf diese Weise Lebensräume mit extrem hohen Salzkonzentrationen, in denen sich hieran angepaßte Kleintiere und Algen in Massen entwickeln. Die einzellige mikroskopisch kleine begeißelte Alge *Dunaliella salina* ist aufgrund des Besitzes von Haematochrom in ihrem Zellkörper verantwortlich für die in die-

sen Extremlebensräumen auftretende Rotfärbung. Salinen sind ergiebige Äsungsplätze für ziehende Watvögel.

In der Bucht bei Janubio findet sich neben den vom Menschen geformten Salzpfannen der eigentlichen Saline, im Schutze eines gewaltigen Strandwalles aus schwarzem Lavagestein, eine ausgedehnte flache Gezeitenlagune, die einen doppelt so hohen Salzgehalt wie das Meer selbst aufweist. An derartige lebensfeindliche Bedingungen ist das Salinenkrebschen (*Artemia salina*) angepaßt, das die hier massenhaft auftretenden salztoleranten einzelligen Grünalgen konkurrenzlos als Nahrungsquelle nutzt. Diese Algen sind es im übrigen, die dem Wasser der Lagune eine eigentümliche Grünfärbung geben, wie sie auch in dem Gezeitengewässer bei El Golfo zu bewundern ist. Auch die angrenzenden Schotterfelder sind vom Meerwasser geprägt, denn lediglich salzliebende *Halophyten* wie *Zygophyllum fontanesii* vermögen hier zu gedeihen.

Links: Salzwiesen bei La Santa – ein wichtiger Vogelrastplatz.
Oben: Nordeuropäische Zugvögel in der Saline bei Los Cocoteros.
Rechts: Das küstennah wachsende Wurmförmige Salzkraut (Salsola vermicularis) entwickelt im Spätsommer zarte Blüten.

Das Gebiet der Saline und der Lagune bei Janubio ist aufgrund der international anerkannten Bedeutung für den Vogelschutz als wissenschaftlich bedeutsamer Lebensraum geschützt. Zur Zugzeit sind hier regelmäßig Watvögel auf der Rast zu beobachten. Als Brutvögel treten Wüstengimpel und Wiedehopf auf. Die zweite noch betriebene Saline bei Los Cocoteros liegt abseits des touristischen Trubels. Gerade deswegen eignet sie sich hervorragend zur ornithologischen Beobachtung. In den Brunnen dieser Saline wurden ebenfalls viele der in den "Jameos del Agua" lebenden blinden Tiere gefangen. Am spektakulärsten war der Nachweis des Krebses *Munidopsis polymorpha*.

Lebensräume, wie sie sich in den Salinen im Einfluß des Menschen bilden, entwickeln sich natürlicherweise dort, wo das Meer im Wechsel von Ebbe und Flut Flächen periodisch freigibt. Auf Lanzarote gibt es sie in größerem Umfang nur an wenigen Stellen. Weitere sind im Nordwesten der Insel bei La Santa erhalten, wo dichte Bestände der Salzpflanze *Arthrocnemum cf. fruticosum*, einem unserem Queller ähnlichen Gänsefußgewächs, Salzwiesen bilden. Ein reich verzweigtes System von Pflanzenwuchs freier Flutrinnen und Priele durchzieht diese Salzwiese. Hier finden Seidenreiher und Regenbrachvogel neben vielen Limikolen ihre Nahrung.

Rechts: Der melodische Ruf des Regenbrachvogels ist an den Felsküsten Lanzarotes häufig zu hören.

Unten: Salzpfannen in der stillgelegten Saline bei El Rio im Norden von Lanzarote.

Links: Die Nymphendolde (Astydamia latifolia) lebt im Spritzwasserbereich.

Tier- und Pflanzenwelt

Flechten – Einigkeit macht stark

Mehr als anderswo treten uns auf Lanzarote die normalerweise so unscheinbaren Flechten gegenüber. Schreiend gelb oder auch nur unauffällig aschgrau gefärbt, in langen Bärten herabhängend oder kräftige "Blätter" bildend, sitzen sie auf der Lava oder umwachsen dicht pflanzliche Sprosse und Triebe. Flechten wachsen hier überall, wo sie eine geeignete Unterlage finden und der Wind feuchte Luft vom Meer heranweht.

Sie sind Vorposten des Lebens auf den nackten Lavafelsen, da sie extreme Hitze und wochenlange Austrocknung auszuhalten vermögen.

Sie führen ein symbiotisches Leben: jede Art besteht aus einem Pilzgeflecht und einer von diesem umsponnenen niederen Alge. Der Pilz erhält von der Alge ihn ernährende Zucker und liefert dafür Wasser, das er z.T. als Dampf aus der Luft aufzunehmen vermag. Im Zusammenhang mit der Symbiose stehen auch die zahlreichen Flechtenstoffe, die nur der Flechtenorganismus gemeinsam, nicht aber die isolierten Partner einzeln zu bilden vermögen. Sie werden als kleine Kristalle ausgeschieden und verleihen vielen Flechten ihre charakteristische Farbe.

Flechten wie Ramalina bourgeana überziehen das von feuchten Passatwinden überwehte Famaragebirge in dicken Polstern und bilden lange Bärte. Oben: Die Flechte Xanthoria calcicola entwickelt farbenprächtige krustige Flecken auf den Felsen. Rechts: Ausdauernde Sträucher wie die Stumpfblättrige Wolfsmilch sind dick mit Ramalina-Flechten behangen.

Der Schatz der Purpurarien

Von dem römischen Historiker Plinius stammt der Name "Inseln des Purpurs" oder "Purpurarien" für die Kanarischen Inseln. Der gleiche Schriftsteller berichtet von Juba, König von Mauretanien, der um 40 n. Chr. eine Expedition ausrüstete, um dort Färbearbeiten ausführen zu lassen.

Lange zuvor waren schon die Phönizier (1100 v. Chr.) bei ihren Fahrten entlang der afrikanischen Westküste auf Lanzarote und Fuerteventura gestoßen und hatten hier die nötigen Rohstoffe zur Purpurgewinnung gesammelt. Heute ist die Bezeichnung Purpurarien auf die östlichen Inseln Lanzarote und Fuerteventura beschränkt.

Der Schatz der Purpurarien sind die Färbeflechten *(Roccella*-Arten), die an den Felsen der Küsten wärmerer Meere wachsen. Sie bilden unter dem Meereseinfluß, wahrscheinlich mit dem Salzspray als ausschlaggebendem Faktor, gleichförmige Gesellschaften in hoher Dichte im unmittelbaren Küstenbereich sowie an exponierten Standorten auch bis viele Kilometer ins Landesinnere.

Die Flechten entwickeln sich sehr langsam und einmal abgeerntete Bestände erneuern sich nur in langen Zeit-

räumen von geschätzten 50 bis 100 Jahren.
Die gesammelten Pflanzen wurden zu dem Basisprodukt Urzella (port.), Orseille (franz.) oder Orchilla (span.) verarbeitet und noch heute erinnert der Name des im Norden Lanzarotes gelegenen Örtchens Orzola an dessen frühere ökonomische Bedeutung.

Die Verarbeitung des pflanzlichen Rohmaterials geschah ursprünglich mit abgestandenem Urin, der infolge bakterieller Gärung hohe Ammoniakgehalte entwickelt und damit die zur Entwicklung des Farbstoffs notwendige chemische Umsetzung bewirkte.

Seit dem Altertum wurden die Färbeflechten in der Textilherstellung verwendet, weil Pflanzenfarbstoffe billiger als der aus der Purpurschnecke gewonnene Purpur waren. Der Rohstoff erzielte im Handel hohe Preise, bis 1858 die Anilinfarben erfunden wurden. Heute werden aus Roccella nicht mehr Textilfarben, sondern das für wissenschaftliche Arbeiten wichtige Orcein und Lackmus gewonnen.

Links: An den steilen Felsen bei Orzola wurden Färbeflechten geerntet.
Oben: Im Hafen von Orzola.
Rechts: Die Färbeflechte Orcella canariensis.

Parasiten – Leben auf Kosten anderer

Vor allem im Frühjahr kann man auf Lanzarote einem auf dem Erdboden laufenden sehr merkwürdigen Wesen begegnen, das wie ein Zwitter zwischen Wurm und Käfer aussieht. Es ist der Maiwurm, das Weibchen des Ölkäfers (*Meloe aegypticus*). Nimmt man das Tier in die Hand, so scheidet es aus Poren in den Beingelenken Blut aus, das wegen seiner öligen Konsistenz Freßfeinde abschreckt. Mit drei Zentimetern Körperlänge ist das Weibchen dreimal so groß wie sein weniger auffälliges Männchen. Dieser Größenunterschied beruht vor allem darauf, daß der Hinterleib aufgrund des Gehaltes einer Vielzahl von Eiern enorm angeschwollen ist. Die Flügeldecken liegen wie kleine Stummel auf dem Hinterleib und reichen nicht mehr zu seiner Bedeckung aus. Das dem Fliegen dienende zweite Flügelpaar ist reduziert.

Ölkäfer haben einen eigentümlichen Lebenszyklus. Während die ausgewachsenen Käfer harmlose Pflanzenfresser sind, verbringen sie ihr Jugendstadium parasitisch. Aus den Eiern, die in wieder zugescharrten Erdhöhlen abgelegt werden, schlüpft eine Larve. Sie heißt Dreiklauer, weil ihre Füße drei klauenartige Fortsätze besitzen. Dieses etwa 2 mm

große Tier klettert auf Blüten. Hier frißt es nicht, sondern wartet vermutlich nur auf anfliegende Insekten, um sich an diesen festzuklammern. Hierfür kommen auf Lanzarote vor allem die Blattschneiderbienen (*Megachilidae*) der Art *Chalicodoma sicula* in Frage, die im Frühjahr sehr häufig sind. Die Larven werden von der Biene in ihre Brutzellen eingeschleppt. Hier frißt letztere zunächst das von ihrer Überträgerin abgelegte Ei. Im weiteren Verlauf ihrer Entwicklung verzehrt sie dann den Pollennektarbrei, den die Biene eigentlich zur Aufzucht ihres Jungen eingetragen hatte. Zum Abschluß verläßt die herangewachsene Ölkäferlarve das Nest, um sich im Erdreich zu verpuppen.

Eine andere Art des Schmarotzertums haben verschiedene Kugelspinnen (*Theridiidae*) entwickelt. Am Rande der Netze der Opuntienspinne (*Cyrtophora citricola*) lebt die Diebsspinne Conopistha. Sie hat ihr winziges Netz über

Links: Das Weibchen des Ölkäfers wird drei Zentimeter groß. Die aus Ägypten stammende Art Meloe aegyptius hat nur Lanzarote besiedelt.
Oben: Die Kleeseide (Cuscuta approximata) parasitiert auf dem Dornlattich.

Signalfäden mit dem ihrer Wirtsspinne verbunden. Hat diese Beute gefangen, eilt die Diebsspinne herbei, um am anderen Ende des Opfers am Mahl teilzuhaben. Die bequeme Art, als Parasit zu leben, haben nicht nur Tiere entdeckt.

Der Dornlattich (*Launaea arborescens*) ist eine sehr häufige Pflanze auf Lanzarote. Dies liegt sicher auch daran, daß er sich mit Dornen gegen eine allzu starke Beweidung durch Ziegen zu wehren vermag. Trotzdem hat er Feinde. Vielerorts ist er von einem wirren orange bis bräunlich gefärbten Fadengeflecht überzogen. Dies ist nur sehr mühselig herunterzunehmen, weil es fest mit seiner Unterlage verklettet ist.

Links: Die Ästige Sommerwurz (Orobanche ramosus) saugt an den Wurzeln vieler Pflanzenarten.
Oben: Die Opuntienspinne (Cyrtophora citricola) fängt ihre Beute in einem waagerecht gespannten Radnetz, an dessen Unterseite sie kopfüber hängt.

Die Fäden sind nicht in diesem Strauch hängengebliebene Nylonfäden, sondern eine Pflanze, Kleeseide oder auch Teufelszwirn (*Cuscuta approximata*) genannt. Es ist ein Parasit, der Wasser und die benötigten Nährstoffe von seinem Wirt, dem Dornlattich, bezieht. Die Pflanze wird daher auch als Vollparasit bezeichnet. Ihre Wurzel, die Blätter, und mit ihnen fast vollständig das grüne, für die photoautotrophe Lebensweise notwendige Chlorophyll sind reduziert. Was die Kleeseide zum Leben benötigt, erhält sie über Saugorgane, die in den Wirt hineinwachsen.

Um an einen Dornlattichstrauch zu gelangen, wächst der Kleeseidenkeimling auf dem Boden an seinen Wirt heran und richtet sich auf. Dabei bewegt sich das freie Ende ständig langsam in einem weiten Kreise, um auf die Zweige zu treffen. Ist dies geschehen, umschlingt sie die Pflanze wie eine Liane. Die Blüten der Kleeseide sind klein und unscheinbar gefärbt. Prachtvoll sind diese dagegen innerhalb der Familie der Sommerwurzgewächse (*Orobanchaceae*). Sie sind gleichfalls Vollschmarotzer, sitzen jedoch mit ihren Saugorganen nicht an den oberirdischen Teilen ihrer Wirtspflanzen, sondern haben diese unterirdisch in die Wurzeln getrieben. Die Pflanzen sind daher auch nur zur Blütezeit zu sehen. Dann nämlich wachsen ihre Blütenstände aus dem Boden heraus. Keimen können die Samen nur im Kontakt mit den Wurzeln ihrer spezifischen Wirtspflanzen, die sie an chemischen Stoffen erkennen. Die Samen gelangen durch Bodenbewegungen, etwa in Dünengebieten, in eine Tiefe, die für den Wurzelkontakt notwendig ist.

Zwei Arten sind auf Lanzarote vertreten. Die prächtigste ist die sogenannte Wüstenorchidee oder Gelbe Cistanche (*Cistanche phelypaea*). Ihr gelber Blütenstand kann bis zu 40 cm hoch werden. Diese in der Sahara, auf den Kanaren aber nur auf Lanzarote und Fuerteventura vorkommende Art, ist auf das Dünengebiet im Malpaís de la Corona beschränkt. Hier ragen die Pflanzen stets inmitten oder in der Nähe ihrer Wirtspflanzen aus dem Sand. Sie parasitieren ebenfalls am Dornlattich (*Launaea arborescens*) oder auch an Moquins Traganum (*T. moquinii*).

Die zweite Art ist die Ästige Sommerwurz (*Orobanche racemosus*). Ihre blauen Blüten sitzen an kleineren Blütenständen. Dieser Parasit ist etwas häufiger und auf Lanzarote an etlichen Stellen zu finden. Er ist nicht wirtsspezifisch und schmarotzt an den Wurzeln verschiedenster Pflanzenarten.

Die Wüstenorchidee (C. phelypaea) wächst auf Lanzarote nur in den Dünen des Nordens.

Nahrungsnetz im Opuntienfeld

Die Feigenkakteen (*Opuntia ficus-indica*) wuchsen ursprünglich nicht auf den Kanarischen Inseln. Sie stammen aus Amerika. Trotzdem prägen sie das Landschaftsbild Lanzarotes vor allem bei den Orten Guatiza und Mala, wo sie in großen Feldern angepflanzt werden. Bei näherem Hinschauen erkennt man, daß die Pflanzen mit weißlich-staubigen Flecken übersät sind. Erst bei genauerem Hinsehen entdecken wir, daß in diesen tief dunkelpurpur gefärbte kugelige Gebilde an den Pflanzen sitzen. Dies ist die bis zu fünf Millimeter große Nopal- oder Cochenille-Schildlaus (*Dactylopius cacti*), die bereits 1830 aus Amerika auf die Kanaren gebracht wurde.

Die Läuse sitzen zur Fortbewegung unfähig auf den Pflanzen. Ihre Beine und Flügel bilden sich während der Entwicklung zum geschlechtsreifen Tier zurück. Sie brauchen sie auch nicht mehr, da sie ihren Stechrüssel dauerhaft in die Pflanze treiben und so Halt finden. Es handelt sich ausschließlich um larvale und ausgewachsene Weibchen. Die Männchen sind weitaus kleiner und fressen nicht. Ihr nur kurzes Leben hat die Aufgabe, von Kolonie zu Kolonie zu fliegen und die Weibchen zu besamen. Das weiße Pulver ist Wachs, das die

Tiere, deren rot gefärbtes Blut durch ihre Körperwandung schimmert, selbst zu ihrem Schutze erzeugen.

Die Entwicklung der Eier erfolgt auf der Unterseite der Mutterlaus im Schutze ihres Körpers und des von ihr produzierten Wachses. Wenn die Larven schlüpfen, stirbt das Muttertier. Diese verlassen dann die schützende Hülle und verbreiten sich schnell über die Pflanze.

Bei genauer Betrachtung der Schildlausansammlungen sind vier bis sechs Millimeter große Käfer zu erkennen, die sich an den Schildläusen zu schaffen machen und diese offenbar fressen. Es handelt sich um Individuen von *Exochomus flavipes nigripennis*. Obwohl nicht bunt, sondern lediglich einfarbig dunkel gefärbt, ist es ein Vertreter aus der Familie der Marienkäfer. Wie alle diese Arten frißt er Blattläuse und hat die eingeführten Schildläuse in sein Nahrungsspektrum aufgenommen. In der Regel vermehren sich von anderen Kontinenten in eine neue Umgebung eingeschleppte Tiere oder Pflanzen massenhaft, weil ihr Bestand wegen des Fehlens ihrer spezifischen Räuber und Feinde nicht innerhalb der heimischen Ökosysteme reguliert wird. Im Falle der

Die Feigenkakteen stammen aus Mittelamerika und haben auf den Kanaren so gute Lebensbedingungen gefunden, daß sie andere Arten verdrängen. Oben: Zwischen den Orten Guatiza und Mala finden sich ausgedehnte Opuntienfelder für die Cochenille-Zucht. Rechts: Die Weibchen der Cochenille-Laus saugen an den Opuntien.

Cochenille-Schildlaus hat sich jedoch eine Ausnahme entwickelt.

Zwischen den so charakteristisch geformten Sprossen der Kaktusfeigen spannen sich vielfach auf den ersten Blick große wirr erscheinende Spinnengewebe. Es sind die Netze der Opuntienspinne (*Cyrtophora citricola*). Im Gegensatz zu den anderen Radnetzspinnen baut die Opuntienspinne ihr gleichfalls radförmiges Netz nicht vertikal sondern horizontal. Es ist in einer Vielzahl von Fäden aufgehängt. So werden wie in einem Sprungtuch alle von oben herabfallenden Tiere aufgefangen. Dies sind hier vor allem die zuvor beschriebenen Marienkäfer. Die Spinne selbst wird bis zu 15 mm groß und bewegt sich mit dem Bauch nach oben an der Unterseite des Netzes. Vier warzige Höcker sind auf ihrem Hinterleib zu erkennen.

Ein weiteres Glied in dem beschriebenen Nahrungsnetz im Opuntienfeld ist die Diebsspinne (*Conopistha*). Sie lebt am Rande des Radnetzes der Opuntienspinne und webt nur ein kleines Netz. Dieses ist über Signalfäden mit dem ihrer Wirtin verbunden. So weiß sie, wann Beute gefangen ist und sie sich am Mahl beteiligen kann.

Auch der Mensch gehört in dieses System. Zwischen den stachelbewehrten Pflanzen sind Männer und Frauen zu sehen, die, mit dicker Kleidung geschützt, sich hier zu schaffen machen. Sie tragen zwei Gerätschaften in ihren Händen, eine Art von Löffel, mit dem sie die Läuse von den Pflanzen abstreifen, sowie einen kleinen Sammelbehälter, in den sie sie hineingeben. Aus den gesammelten Läusen wird nach der Trocknung der purpurfarbene Naturfarbstoff Karmin gewonnen, wozu zwei- bis dreimal im Jahr abgesammelt wird.

Die weiblichen Cochenille-Läuse werden mit einem Löffel von den Pflanzen geschabt und in ein Sammelgefäß gegeben.

Schwarzkäfer – Charaktertiere der Wüste

Schwarzkäfer *(Tenebrionidae)* sind meist dunkel gefärbt. Die artenreiche Familie hat sich an den Lebensraum der Wüsten der Subtropen vorzüglich angepaßt. Um der Hitze der Bodenoberfläche zu entgehen, sind sie häufig sehr langbeinig und vergraben sich tagsüber im Sand. Die Flügeldecken sind sowohl mittig miteinander wie auch seitlich mit dem Körper verwachsen. Dies schafft einen Stauraum für Wasserdampf, in den die Atemöffnungen münden. Verdunstung und Wasserverlust bei der Atmung werden so eingeschränkt.

Schwarzkäfer sind wehrhaft. Sie besitzen Wehrdrüsen, die ein stinkendes Sekret produzieren. Es enthält vor allem Benzochinone.

Die Käfer sind meist Allesfresser und spielen eine bedeutende Rolle im Ökosystem. Sie sind eine wichtige Nahrungskomponente für die Kragentrappe und den Rennvogel. Von letzterem wird vermutet, daß er die Wehrgifte regelmäßig gewölleartig ausspeit. Auch der nachtaktive Mauergecko dürfte hauptsächlich von Schwarzkäfern leben.

Auch auf Lanzarote können Schwarzkäfer häufig beobachtet werden. Am eindrucksvollsten ist aufgrund seiner Größe der Totenkäfer (*Blaps alternans*). Er ist zwei bis drei Zentimeter groß und bewegt sich auffällig langsam fort. Sehr häufig ist die Art *Zophosis bicarinata plicata*.

Die etwa fünf Millimeter großen Tiere tragen drei längliche breite Rillen auf den Flügeldecken. Sie können schwarz oder auch hell bläulich gefärbt sein. Sie laufen sehr flink und können aufgrund ihrer flachen Körperform bei Gefahr schnell in den Sand tauchen oder unter Steinen verschwinden. Diese Art ist besonders häufig in dem Sandgebiet El Jable.

Der Schwarzkäfer Blaps alternans ist endemisch auf Lanzarote und Fuerteventura.

Das Ende der blauen Flotte

Der größte Teil der Küsten Lanzarotes ist felsig, während Sandstrände nur einen kleinen Raum einnehmen. Der schönste von ihnen säumt die Bucht von Famara. Hier stößt die unendliche Weite des Atlantik an die Insel. Besonders nach starken Stürmen stranden hier Bewohner der Hochsee, ohne an harten Lavafelsen von der Brandung zerschlagen zu werden.

Ein blasenartiges Gebilde, bei dem es sich um ein Hohltier, das Portugiesische Kriegsschiff (*Physalia physalis*), handelt, ist dann zu finden. Es besteht aus vielen Einzelindividuen, die alle unterschiedliche Funktionen haben. Das Ganze wird daher als Staatsqualle bezeichnet. Die große Blase entspricht einem Einzeltier, das als Schwimmkörper dient, der bis zu 30 cm lang werden kann und auf dem sich eine als Segel dienende Falte findet. An ihrer Unterseite hängen andere Einzeltiere, die Freßpolypen. Sie durchstreifen das Wasser mit meterlangen nesselnden Fangfäden, an denen kleine Schwebetierchen und Fische hängenbleiben, um zu einem der vielen Polypenmünder geführt zu werden. Hier werden sie dann aufgefressen und über den gemeinsamen Darm auf alle Individuen verteilt. Diese Fäden können auch den Menschen verletzen. Andere Polypen widmen sich ausschließlich der Vermehrung. Die Staatsqualle treibt, dem Wind und den Strö-

Links: Der schönste Strand auf Lanzarote: Caleta de Famara.
Oben: Das Portugiesische Kriegsschiff (Physalia physalis) ist gestrandet.

mungen ausgesetzt, ohne die Fähigkeit zur Eigenbewegung, an der Meeresoberfläche und darf niemals das Land erreichen. Denn dann strandet und stirbt sie. Zum Schutz vor räuberischen Vögeln und Fischen hat das Portugiesische Kriegsschiff die Farbe des Meeres: Es ist himmelblau.

Eine nahe Verwandte ist die gleichfalls blau gefärbte Segelqualle (*Velella velella*). Das kreisrunde, handtellergroße Gebilde, das den luftgefüllten Schwimmkörper darstellt, trägt ein flaches Segel auf seiner Oberfläche. Auch die Segelqualle ist eine Staatsqualle, die aus vielen einzelnen Polypen besteht, die alle ihre bestimmte Aufgabe im Staatsverband haben. Während *Physalia* nach der Strandung spurlos vertrocknet, bleibt von Velella das dünne, papierne Segel als Zeuge des Schiffbruchs am Strand liegen.

Auch eine Schnecke hat sich die Hochsee erobert. Es ist die Floßschnecke (*Janthina exigua*), deren zerbrechliche veilchenblaue Gehäuse im Treibselrand zu entdecken sind. Nach Stürmen kann man sogar das Glück haben, noch lebende Tiere auf dem Strand anzutreffen. Die Schnecke treibt rücklings an der Oberfläche des Ozeans. Um nicht zu versinken, bauen die Tiere ständig an einem Floß aus Schleimblasen, die sie mit ihrem Kriechfuß formen. Diese Blasen umschließen Luft und werden durch den Wind gehärtet. Zur Gewichtserleichterung ist das Schneckengehäuse zu einem zarten Gebilde umgeformt. Die Floßschnecke lebt räuberisch und frißt vor allem Segelquallen.

Schwerelosigkeit wird erreicht, indem Flöße gebaut oder aber Schwimmkörper mit Luft gefüllt werden. Andere Tiere heften sich an treibende Gegenstände. Häufig sieht man an Holz oder Plastikteile mit einem braunen Stiel angeheftete, aus fünf bläulich-weißen Plättchen bestehende Körper, über deren Zugehörigkeit zum Belebten oder Toten nur schwer zu entscheiden ist. Dies ist erst dann möglich, wenn man das Stück Treibgut ins Wasser legt. Sehr schnell kann man beobachten, wie aus den sich vorsichtig öffnenden Gehäusen braune reusenartige Gebilde rhythmisch hervorgestreckt werden. Dies sind die Beine eines Krebstieres, der Entenmuschel (*Lepas anatifera*), mit deren Hilfe Nahrung aus dem Wasser geseiht wird. Bei der Entenmuschel handelt es sich wie bei den Seepocken (*Balanidae*) um einen seßhaft gewordenen Krebs. Er hat seine Körpergestalt radikal verändert und kann sich an treibenden Gegenständen festsetzen.

Seinen Namen verdankt dieses Tier dem Wunsch mittelalterlicher Mönche, auch in der Fastenzeit Fleisch essen zu können. Sie gingen hierzu von der Annahme aus, daß die Entenmuscheln nichts anderes seien als die – Muscheln ähnelnden – Eier von Entenarten, die aus dem Norden Europas stammend, sich als Gastvögel in unseren Breiten nur im Winter aufhalten. Das Rätsel der Fortpflanzung dieser Vögel wurde so geklärt, wobei die Lösung einen interessanten Nebeneffekt hatte. Da die Vögel somit aus dem Meer stammten und daher mit den Fischen verwandt waren, waren diese Enten für den Verzehr während der Fastenzeit erlaubt.

In der Hochsee lebt auch eine Flotte von Unterseebooten, die in etwa 500 Metern Tiefe treiben. Es sind die bis zu fünf Zentimeter großen Tintenfische der Art *S. spirula*. Wie bei ihren entfernten Verwandten, den urtümlichen und längst ausgestorbenen Ammoniten, wird ihnen ihr schwebendes Dasein mit Hilfe luftgefüllter Kammern, die spiralig aufgerollt sind, ermöglicht. Diese posthornförmigen Spiralen sind leicht im Treibselrand zu finden.

Unten: Entenmuscheln haften meist an Treibholz.
Rechts: Die spiraligen bis zu zwei Zentimeter großen und vielfach gekammerten Schwimmkörper des Kopffüßers Spirula finden sich in großer Zahl am Strand.

Leben in der Brandung

In vielen Bereichen Lanzarotes grenzt das Meer an schroffe und steile Felsküsten, die aus kaum verwitterten Lavaströmen bestehen. Meterhoch kann die Brandung in die Luft schießen und Tiere und Pflanzen zerschmettern. Außerdem herrschen hier Ebbe und Flut, so daß periodisches Trockenfallen und Überschwemmung überstanden werden müssen. Es gibt jedoch etliche Arten, die unter diesen schwierigen Lebensbedingungen zu überleben vermögen.

Eine der Überlebensstrategien heißt, sich festhalten und ducken. Dies tut die Wachsrose (*Anemonia sulcata*), ein Hohltier, dessen Fangarme grünlich irisieren. Überall in den Felsspalten sind einzelne Individuen zu entdecken. Während der Flut greifen sie allerlei Getier. Wenn sie zur Ebbzeit trockenfallen, umschließen sie ihre Fangarme mit dem Körper und wirken nun eher wie Gallertklumpen.

Wie mit schmutzigweißen Warzen überzogen, sehen diejenigen Steine aus, die von der Sternseepocke (*Chthamalus stellatus*) als Unterlage gewählt wurden. Diese festgewachsenen Krebse öffnen zur Flutzeit die Schalen, die ihren Körper umschließen, und strudeln mit den zu Fiedern umgeformten Beinen Nahrung aus der Gischt.

Spezialisten im Festhalten sind verschiedene Schneckenarten, die während der Flut Algen von den Felsen weiden.

Häufig zu finden sind die Strandschnecke (*Litorina striata*) und auch eine Napfschnecke (*Patella crenata*). Sie besitzt ein flaches Gehäuse, das die charakteristischen Windungen von Schneckengehäusen verloren hat. Es paßt genau in die von der steinigen Unterlage vorgegebene Struktur und wird so praktisch Teil des Steines. Der Weichkörper des Tieres wird so hermetisch von der Außenwelt abgeschlossen. Nur während der Flut wird diese Position zur Nahrungsaufnahme verlassen und rechtzeitig zur Ebbezeit wieder eingenommen.

Hin und wieder fallen Schnecken der verschiedensten Arten von den Steinen. Sie zeigen ein für diese langsamen Tiere eigentümliches Verhalten, indem sie schnell fortlaufen und dann wieder regungslos liegenbleiben können. Dann werden nach einiger Zeit Beine aus der Gehäuseöffnung herausgestreckt und die "Schnecke" eilt weiter. Diese merkwürdigen Schnecken sind nur noch deren Gehäuse, in denen junge Einsiedler-

Links: In der Umgebung des Punta Papagayo befinden sich geologische Aufschlüsse von großer Farbenpracht. Rote Tuffe werden von schwarzen Basaltgängen durchschlagen. Das vorgelagerte Felswatt ist von Leben erfüllt.
Oben: Der Schleimfisch Parablennius parvicornis besiedelt kleine Felstümpel im Gezeitenbereich.
Rechts: Strandschnecken leben noch in der Spritzwasserzone.

krebse der Art *Clibanarius aequabilis* wohnen. Da ihre Hinterleiber lebenslang in den Schneckenhäusern stecken, haben sie ihr hartes Außenskelett verloren und sind schutzlos weich. Wenn die Krebse wachsen, müssen sie sich daher regelmäßig größere Schnecken suchen.

Nicht alles am Felsstrand fällt bei Ebbe trocken. Überall bilden sich in Höhlungen kleine Tümpel, wenn das Wasser sinkt. In ihnen lebt eine etwa drei Zentimeter große Garnele (*Palaemon elegans*). Sie ist nahezu vollständig durchsichtig und schwer zu entdecken, obwohl viele dieser Tiere in den Gezeitentümpeln schwimmen.

Sogar Fische gibt es hier reichlich. Ein Schleimfisch (*Parablennius parvicornis*) zeigt großes Interesse an sich bewegenden Gegenständen. Interessiert reckt er seinen Kopf, gestützt auf Brust- und Bauchflossen, hoch und fixiert ihm dargebotene Objekte mit den leicht nach vorn gerichteten Augen. Ein weiterer Fisch der Felstümpel ist eine Grundel (*Mauligobius maderensis*), die auffällig quergestreift und nicht hochrückig wie der Schleimfisch ist. Beide Arten leben vor allem von Algen. In tieferen Gezeitentümpeln ist der prachtvoll rot und grün gefärbte recht scheue Meerpfau (*Thalassoma pavo*) in ständig schwimmender Bewegung, ein Vertreter der Lippfische (*Labridae*).

Unten: Die Wachsrose besitzt grünlich irisierende Fangarme.
Rechts: Die Rotmundleistenschnecke frißt vor allem Seepocken.

78

Muscheln, Schnecken, Schulpe

Schon die Ureinwohner der Kanarischen Inseln waren Strandläufer. Von ihnen aufgehäufte Berge von Gehäusen und Schalen toter Meerestiere legen Zeugnis für ihr kulinarisches Interesse an den in den Randzonen der Insel im Meer lebenden Organismen ab. Derartige Schalenansammlungen finden sich auch heute noch in Strandnähe. Besonders gern werden die an den Felsen haftenden Napfschnecken (*Patella crenata*), Lapa genannt, bei Ebbe zum Essen gesammelt. Auch die durch Dornen auf den Windungen gekennzeichnete Purpurschnecke (*Murex trunculus*) und die Strandschnecke Bulgada(*Litorina striata*) wird von Feinschmeckern als Delikatesse geschätzt. Die Purpurschnecke hatte in antiken Zeiten im Mittelmeerraum noch andere Bedeutung. Sie gehört zu den *Purpura*, das heißt Schnecken mit einer Farbdrüse. Aus ihrem farblosen Sekret entwickelt sich bei Lichtzutritt Purpur, die Farbe der Königsmäntel. 12 000 Schnecken ergaben 1,5 g des kostbaren Farbstoffs.

In die nähere Verwandtschaft der Purpurschnecke gehört auch die seepockenfressende Rotmundleistenschnecke

(*Thais haemastoma*). Sie besitzt ein bis 5 cm hohes spiraliges Gehäuse mit Höckern auf den Windungen. Die Mündung des Gehäuses ist am Innenrand rot angehaucht. Sie diente wie die Purpurschnecke der Gewinnung eines sich allerdings violett tönenden Farbstoffes.

Interessant ist die Lebensweise der Kegelschnecken. Sie haben Giftzähne, mit denen sie ihre Beutetiere töten und in den Tropen auch den Menschen verletzen können. Auf Lanzarote gibt es nur die für den Menschen ungefährliche Art, *Conus mediterraneus*. Ihr hell gefärbtes Gehäuse ist braun marmoriert, seine Mündung schlitzförmig.

Im Spülsaum findet sich auch das braun bis prächtig rot gefärbte Seeohr (*Haliotis tuberculata*), dessen Gehäuse rein äußerlich sehr an eine Muschelschale erinnert. Der letzte äußere Gehäuseumgang ist enorm erweitert und trägt eine Serie sich zur am Hinterende gelegenen Spitze allmählich verkleinernder Löcher. Die Innenseite ist dick mit Perlmutter ausgekleidet und glänzt daher wunderschön. Diese bis zu 8 cm große Schnecke frißt an die Felsen geheftet an Algen.

Oben: Der Meerpfau (Thalassoma pavo) ist in der Brandungszone zu beobachten. Links: Vom Tintenfisch (Sepia officinalis) findet sich am Strand nur noch der als hydrostatisches Organ dienende Rückenschulp.

Unter dem Einfluß der starken Sonnenstrahlung ist an einigen Stränden Lanzarotes zu beobachten, daß an Land geworfene Schalen von Meeresschnecken und -muscheln mit dem Sand zu "Beachbrick" verbacken. In großer Zahl sind hierin die Gehäuse einer dickwandigen Napfschnecke (*Patella candei*) sowie der Gestrichelten Buckelschnecke (*Monodonta lineata*) und verwandter Arten enthalten.

Die Buckelschnecke besitzt am Gehäuseinnenrand wie alle Arten der Gattung *Monodonta* einen charakteristischen Zahn. Die Gehäuseoberfläche ist mit purpurnen vertikalen Zickzackbändern versehen. Außerdem finden sich vereinzelt: Rotmundleistenschnecke (*Thais haemastoma*), der Birnenkauri (*Talparia lurida*) und die Hornschnecke (*Cerithium vulgatum*). Vermischt mit diesen Meeresschnecken tritt hier zudem die Landschnecke *Hemicycla sarcostoma* auf, die an ihrem weit geschwungenen Gehäuserand zu erkennen ist. Sie lebt versteckt unter großen Felsen und ist lebend selten zu sehen.

Oben: Reste einer Mahlzeit: Gehäuse von Napfschnecken (Patella).
Unten Mitte: Buckelschnecken.
Unten: Seeohr.

Der aus Kalk bestehende länglich ovale Schulp ist der einzige Rest gestorbener Tintenfische (*Sepia officinalis*), die wir in allen Größen im Treibsel finden können. Schulpe bestehen aus mit Luft gefüllten schmalen Kammern und ermöglichen es diesen Weichtieren, im Wasser zu schweben.

Tote Algen und totes tierisches Material im Spülsaum finden ihre Interessenten. Hebt man Gegenstände oder Pflanzen an, so sieht man kleine Tiere davonspringen, den etwa einen Zentimeter großen Strandfloh (*Talitrus saltator*). Dies ist kein Grund zum Entsetzen, denn es ist kein stechender Floh, sondern ein harmloser Krebs (*Amphipoda*). Die Tiere sind tagsüber im Sand unter dem Treibsel eingegraben, um sich vor Austrocknung zu schützen. Erst abends oder nachts kommen sie zum Fressen heraus.

Der an der oberen Flutlinie lebende Strandfloh findet die schmale Zone seines Lebensraumes immer wieder. Er orientiert sich optisch nach der Sonne oder dem Mond und kann durch Einspiegelung des Sonnenlichts aus falscher Richtung irregeleitet werden. Jede Population von Flohkrebsen ist eingestellt auf die Richtung, in der die jeweilige Küste liegt. Individuen der Südküste einer Bucht reagieren um 180° versetzt zu denjenigen der Nordküste derselben Bucht, wenn sie im Experiment ausgetauscht werden. Der Wechsel des Sonnenstandes im Tages- und Jahresverlauf führt nicht zur Desorientierung, sondern wird mit einer inneren Uhr kompensiert.

Unten Mitte: Ein Einsiedlerkrebs in seinem Gehäuse.
Unten: Napf- (Patella candei) und Kegelschnecken (Conus mediterraneus).
Rechts: Der Drückerfisch kann sich mit dem ersten Stachel der Rückenflosse in Spalten festdrücken.

Früchte des Meeres

Der Fischmarkt in Arrecife und fast jeder Supermarkt auf Lanzarote zeigen die ganze Fülle von Fischen und Meerestieren, die hier gegessen werden. In alten Fischerdörfern wie La Caleta kann man auch heute noch traditionell gekleidete Frauen tagtäglich beim Abschuppen und Ausnehmen der von den Fischern gefangenen Meeresbewohner, sehr zur Freude der Weißkopfmöwen, auf dem Felswatt zusehen, das dem Ort vorgelagert ist.

Eine sonderbare Gestalt kann man dabei entdecken, einen bis zu 50 cm großen Drückerfisch, den Gallo (*Balistes carolinensis*), der wie ein schwimmender Kopf mit Flossen, zu kleinen Augen und gespitztem Mund aussieht. Der Name dieser Fischgruppe rührt daher, daß die ersten drei zu Stacheln umgeformten Strahlen der Rückenflosse wie der Abzug eines Gewehres funktionieren. Mit ihrer Hilfe vermögen sich die Drückerfische in Felsspalten festzuklemmen. Der Gallo besitzt acht meißelförmige Zähne im Ober- und im Unterkiefer, denen in einer zweiten Reihe im Oberkiefer sechs plattenförmige Zähne folgen. Dieser Kauapparat dient dem Zerbeißen von Weichtieren, Krebsen und Fischen.

Eine zünftige Fischmahlzeit auf Lanzarote beginnt mit einer Portion wohlschmeckender fritierter "gueldes". Dies sind die zwischen fünf und zehn Zentimeter großen Streifenfische (*Atherina presbyter*), die ein pelagisches Leben in großen Schwärmen führen. Das Hauptgericht wird sehr häufig von den meist silbern glänzenden Meerbrassen (*Sparidae*) gebildet, von denen 17 Arten die Gewässer des Kanarischen Archipels besiedeln. Sehr häufig liegen der Mojarra (*Diplodus annularis*), der Sargo Blanco (*D. sargus cadenati*), die Dorada (*Sparus aurata*) oder die Salema (*Sarpa salpa*) vor einem auf dem Teller. Diese

Arten haben z.T. an die der Säugetiere erinnernde kräftige Zahnbildungen am Ober- und Unterkiefer, wie der Laie sie im allgemeinen bei Fischen nicht vermutet.

An den Küsten der Kanarischen Inseln sind die Stachelmakrelen (*Carangidae*) mit vier Arten vertreten. Sehr häufig wird der Jurel (*Pseudocaranx dentex*) gefangen, dessen silbriger Körper eine gelbe Seitenlinie besitzt und gelbe Flossen trägt. Seine schmale und tief gegabelte Schwanzflosse zeichnet ihn als rasanten Schwimmer aus.

Eine eindrucksvolle Länge von über einem Meter erreichen die zu den aalartigen Fischen gehörigen Muränen und der Meeraal (*C. conger*) mit bis zu drei Metern. Die schon im antiken Rom als Delikatesse geschätzte Mittelmeer-Muräne (*Muraene helena*) ist durch leuchtend gelbe Fleckung ausgezeichnet. Ihr weiter, bis hinter die Augen gehender Maulspalt läßt das mit spitzen Zähnen bewaffnete gefährliche Gebiß sichtbar werden.

Wie bereits zuvor dargestellt, werden auch Wirbellose an den Küsten Lanzarotes für den Verzehr erbeutet und gesammelt. So wird mit Hilfe eines mit Widerhaken versehenen Eisenstabes der Oktopus (*Octopus vulgaris*), ein Verwandter der Tintenfische, aus seinem Versteck in den Hohlräumen der Felswatten hervorgeholt. Das zu den Weichtieren gehörige Tier erscheint als Pulpo auf der Speisekarte und wird gebraten

In alter Tradition bereiten die Fischersfrauen auf dem Felswatt vor La Caleta die gefangenen Fische für das Abendessen.

84

oder als Salat angerichtet verzehrt. Angesichts der Vielzahl von Saugnäpfen an den acht Armen und dem papageienähnlichen Schnabel dieses Kraken, der beim Zerlegen des Tieres sichtbar wird, hat allerdings schon mancher Tourist es vorgezogen, sich auf den Nachtisch zu beschränken.

Oben: Salemas (Sarpa salpa) werden im Hafen von Orzola zu Hunderten an der Luft getrocknet. Rechts: Muränen sind wegen ihrer Zähne gefürchtet.

Charaktervögel der Insel

Der Feriengast wird bei seinem Urlaubsaufenthalt kaum alle der 35 Brutvögel Lanzarotes antreffen – einige sind besonders scheu, andere kommen nur in Einzelpaaren oder in sehr kleiner Zahl vor. Dennoch gibt es eine Reihe von Charaktervögeln, denen man bei Fahrten oder Wanderungen immer wieder begegnen wird. Besonders auffällig sind dabei natürlich die kolonieweise meist in Palmen ihre Kugelnester bauenden Weidensperlinge (*Passer hispaniolensis*), die in Gärten oder Grünanlagen menschlicher Siedlungen nur selten fehlen. Frei auf Telegraphendrähten oder Einzelbüschen ansitzend, wird man regelmäßig zwei Arten begegnen, die über die gesamte Insel verbreitet sind: dem Turmfalken (*Falco tinnunculus canariensis*) und dem Raubwürger (*Lanius excubitor koenigi*). Beide ernähren sich vorwiegend von Eidechsen und Großinsekten, die oft nach kurzem Rütteln im Stoßflug erbeutet werden.

Während der Turmfalke meist eine der reichlich vorhandenen Lavahöhlen zum Nisten nutzt, versteckt der Raubwürger sein Nest gern in einem dichten Einzelbusch. Telegraphendrähte werden gelegentlich auch von der nur spärlich verbreiteten Turteltaube (*Streptope-*

lia turtur) und dem Wiedehopf (*Upupa epops*) als Sitzwarte genutzt. Der im Flug wie ein großer schwarzweißer Schmetterling wirkende Wiedehopf ist recht regelmäßig sowohl im offenen wie im halboffenen Kulturland als auch in Halbwüsten bei der Bodenjagd anzutreffen. Mit dem langen, gebogenen Schnabel stochert er nach Asseln, Spinnen, Schnecken, Insekten und deren Larven.

Auf ständiger Insektenjagd ist auch der geschickt über den Boden rennende, oft wenig scheue Kanarenpieper (*Anthus berthelotii*). Er dürfte der mit Abstand häufigste Vogel der Insel sein und hat alle vorhandenen Lebensräume von der Küste bis zum Vulkankegel für sich erschlossen. Deutlich weniger verbreitet und beschränkt auf Halbwüsten, steinige Bergtriften, Salzsteppen und offenes Kulturland ist die einzige Lerche der Kanaren, die Stummellerche (*Calandrella rufescens*). Sie ist nicht so leicht zu entdecken, denn sie fliegt bei Störungen ungern auf, läuft lieber in Deckung und

Links: Weidensperlinge brüten in Kolonien. Sie wurden 1828 erstmals auf Lanzarote beobachtet.
Oben: Der Wiedehopf ist auf Lanzarote ein verbreiteter Brutvogel.
Unten: Der Kanarenpieper ist typisch für die kargen Landschaften Lanzarotes.

Links: Die Rufe des Wüstengimpels erinnern an die Laute einer Kindertrompete. Rechts: Der Eleonorenfalke tritt in der hellen wie dunklen Form auf.

bleibt selbst beim Vortragen des Gesanges oft am Boden. Ganz ähnliche Lebensräume bewohnt auch der Wüstengimpel (*Bucanetes githagineus amantum*), der aufgrund seiner an eine Kindertrompete erinnernden Rufe im Englischen den Namen Trumpeter Bullfinch erhalten hat. Wüstengimpel sind in Wüsten und Halbwüsten von Nordafrika bis Asien verbreitet. Die Gefiederfärbung der Männchen wird von Osten nach Westen immer rosenfarbiger. Die Unterart der kanarischen Inseln ist daher weitaus am prächtigsten gefärbt.

Verbleiben bei dem ganzjährig milden Inselklima fast alle Brutvögel auf Lanzarote, so verläßt der in Höhlungen und Spalten von Klippen und Gebäuden nistende Fahlsegler (*Apus pallidus brehmorum*) im September die Insel und zieht nach Zentralafrika, kehrt allerdings schon ab Februar wieder heim. Ebenso wie die auf Lanzarote nicht sehr häufige Samtkopfgrasmücke (*Sylvia melanocephala*) verbleibt auch die besonders prächtig gefärbte kanarische Unterart der Brillengrasmücke (*Sylvia conspicillata orbitalis*), die in Europa ausgesprochener Zugvogel ist, im Winter im Brutraum. Ihr zaunkönigartiges Warnen ist überall dort zu vernehmen, wo wir dichte, buschige Vegetation antreffen, und ihr Lebensraum reicht daher von den Salicornia-Steppen in Strandnähe, den Malpaís de Corona, den Barrancos und Kliffs bis an die menschlichen Siedlungen heran.

Wo sich an Kraterabbrüchen und Felswänden reichlich Höhlen zum Nisten finden, lassen sich Kolkraben (*Corax corax tingitanus*) und Felsentauben (*Columba livia canariensis*) beobachten, die auf ihren Nahrungsflügen jedoch an vielen anderen Stellen der Insel auftreten können. Schmutzgeier (*Neophron perchopterus*), Fischadler (*Pandion haliaetus*), Wüstenfalke (*Falco pelegrinoides*) und der vielleicht auf Lanzarote selber, mit Sicherheit aber auf den im Norden vorgelagerten Inseln nistende Eleonorenfalke (*Falco eleonorae*), sind aufgrund starker Bejagung dagegen heute kaum noch als Charaktervögel zu bezeichnen.

Obwohl nur in einer kleinen Population um Haria im Osten der Insel auftretend, darf eine Rarität Lanzarotes in diesem Kapitel keineswegs fehlen: Die einzig auf den beiden östlichen Kanaren endemische Unterart der Blaumeise (*Parus caeruleus degener*). Mit schwarzem anstelle des blauen Scheitels wirkt der Vogel fast wie eine kleine Kohlmeise. Neben dem an etlichen Plätzen zu vernehmenden Gesang von Bluthänfling (*Acenthis cannabina*) und Stieglitz (*Carduelis carduelis parva*) kann man neuerdings am Barranco Malpaso auch dem wunderschönen Lied des Kanarengirlitzes (*Serinus canaria*) lauschen. Er nistete bisher lediglich auf den westlichen Kanaren und ist bekanntlich der Stammvater des vertrauten Kanarienvogels.

Meister der Tarnung

Hier soll die Rede sein von vier Vogelarten, die eigentlich schon unter den Charaktervögeln der Insel hätten erscheinen müssen. Das Problem: Kaum einer der Inseltouristen wird sie einmal zu Gesicht bekommen. Denn alle vier sind Meister der Tarnung, im Weglaufen ohne Auffliegen, im sich still hinter einer kleinen Pflanze Verstecken, im sich reglos an den Boden Drücken. Laufend oder rennend weichen sie uns rechtzeitig aus, lange bevor unser Weg über eine Halbwüste, eine vegetationsarme Steppe, ein mit dürrem Buschwerk bestandenes Schotterfeld ihren Aufenthaltsort kreuzt. Wir bemerken sie nicht, obwohl sie anwesend sind. Zwei Arten allerdings verraten sich durch ihre Rufe. Achtgeben sollte, wer in der Morgen- oder Abenddämmerung aus einer Felswand oder Steinwüste ein hartes "Tschuck – tschuck – tschuck – tschukorr" vernimmt.

*Links: Das Felsenhuhn verrät sich durch seine typischen Rufe.
Oben: Der Rennvogel ist farblich hervorragend an den Untergrund angepaßt.*

Gelingt es, die Richtung der Rufreihe genau anzupeilen, entdeckt man mit ein wenig Geduld etwa auf einem Felssims einen hochaufgerichteten Hühnervogel mit dunklem Scheitel, weiß gesprenkeltem Kragen und dunkel gestreiften Flanken. Es ist das balzende Männchen des Felsenhuhns (*Alectoris barbara koenigi*). Nähert man sich dem Hahn, rennt er sofort in Deckung. Felsenhühner sind in geeigneten Lebensräumen über die ganze Insel verbreitet.

In mondhellen Nächten sowie in der Abenddämmerung läßt im Bereich von Dünen, Steppen und grasigen Triften der fast brachvogelgroße Triel (*Burhinus oedicnemus insularum*) seine seltsam schrillen oder flötenden Rufe hören "Tü-lie", "Quie" oder austernfischerartig "Pui-vi-vie". Sein großes, gelbes Auge verrät bereits, daß der Triel gleich einer Eule nächtlich aktiv ist, dann seine vorwiegend animalische Nahrung aufspürt, den Tag dagegen unauffällig im

Schutz einer Deckung gebenden Pflanze verdöst. Wird er aufgestört, rennt er ebenso hasenschnell davon wie der deutlich kleinere sandfarbene Rennvogel (*Cursorius cursor bannermann*), mit dem er oft im gleichen Lebensraum auftritt. Der Rennvogel sucht am Tage nach Tausendfüßlern und Insekten aller Art, wobei auch giftige Tiere nicht verschmäht werden. Am Boden absolut unauffällig läßt er während seines reißenden Fluges ein pfeifendes "Quitt-quitt" oder rauhes "Praak" hören.

Meister aller Meister der Tarnung ist zweifelsohne die überaus scheue Kragentrappe (*Chlamydotis undulata fuerteventurae*). Selbst wenn man den Vogel durch großen Zufall einmal zum Auffliegen bringt, findet man ihn anschließend nie wieder, da die Trappe nach einigen hundert Metern einfällt, die Richtung wechselnd, geduckt ein ganzes Stück weiter rennt, um hinter einer kleinen Deckung "erstarrt" zu Boden zu sinken und sich zu drücken. Diese raffinierte Täuschungsstrategie ist für die Trappe überlebenswichtig, denn sie hat viele Feinde und ist in ihrem großen, von Nordafrika bis weit nach Mittelasien reichenden Verbreitungsgebiet überall hochgradig im Bestand gefährdet. Es ist vor allem der jagende Mensch, der sie mit der Flinte, im arabischen Raum aber auch mit Beizfalken an den Rand des Aussterbens brachte.

Unten: Der nachtaktive Triel bewohnt die grasigen Triften sowie Steppen und Dünen auf Lanzarote.
Rechts: Die Kragentrappe bildet auf Lanzarote und Fuerteventura eine eigene Unterart.

Die zur Nominatform deutlich dunklere und etwas kleinere kanarische Unterart ist auf Gran Canaria schon längst ausgestorben und kommt heute nur noch auf Lanzarote und Fuerteventura vor. Auf Lanzarote ist der Bestand heute soweit geschrumpft, daß es immer wieder heißt, die Art wäre bereits ausgestorben. Etwa 280 Individuen sind nach Angaben der Umweltbehörden (Medio Ambiente) noch vorhanden. Trotz zunehmender Bebauung gibt es auf Lanzarote genügend geeignete Lebensräume, die der Kragentrappe Deckung, Nistmöglichkeit sowie die nötige pflanzliche und tierische Nahrung bieten können. Es wäre daher dringend zu hoffen, daß die Schutzbemühungen intensiviert werden, um diesen auch für Touristen attraktiven Vogel als einzigartiges Naturerbe auf den Kanaren zu erhalten, solange es noch möglich ist.

Von Durchzüglern, Überwinterern und Irrgästen

Viele europäische Sommervögel überqueren auf ihrem Weg ins afrikanische Winterquartier Zugbarrieren wie Alpen, Mittelmeer und Sahara in breiter Front auf kürzestem Weg. Andere umgehen Gebirge, Meer und Wüste lieber auf traditionellen Wanderrouten, nutzen Landbrücken und nehmen dafür eine längere Wegstrecke in Kauf. Zwei große Vogelzugwege verbinden Europa mit Afrika. Die osteuropäische Route verläuft über Balkan, Bosporus, die Türkei, Palästina und Sinai, die westeuropäische Route über Westfrankreich, die Iberische Halbinsel, die Straße von Gibraltar und die westafrikanische Küste.

Die Kanarischen Inseln liegen am äußersten Rande des westeuropäischen Wanderweges. Lanzarote, nur rund hundert Kilometer von der afrikanischen Küste entfernt, wird daher regelmäßig von den Wanderbewegungen der Vögel berührt, zumal eine Reihe von Arten den Umweg über Gibraltar abkürzt und direkt von Portugal aus den Atlantik in Richtung der Kanarischen Inseln überquert. Das geschieht einmal im September/Oktober zur Zeit des Wegzuges sowie von Februar bis April zur Zeit des Heimzuges.

Durch Beringungsprogramme wissen wir heute schon recht gut, aus welchem Raum über die Kanaren wandernde Vögel kommen. So wurde beispielsweise ein in Niedersachsen beringter Trauerschnäpper (*Ficedula hypoleuca*) während des Wegzuges auf Lanzarote als Beute eines Eleonorenfalken nachgewiesen.

Links: Der Einfarbsegler ist auf Lanzarote nur Gast. Er brütet auf Fuerteventura und den westlichen Inseln der Kanaren.

Oben: Der Rotkopfwürger ist vor allem im Frühjahr auf dem Rückzug nach Europa zu beobachten.

Einige während des Tages ziehende Vögel wird selbst der vogelkundliche Laie unschwer entdecken. So etwa, wenn eines Tages Mehlschwalben (*Delichon urbica*) über dem Swimmingpool Insekten fangen, Rauchschwalben (*Hirundo rustica*) auf der Telegraphenleitung zwitschern oder Uferschwalben (*Riparia riparia*) über dem Bungalow kreuzen – denn bekanntlich brüten auf den Kanaren gar keine Schwalben. Weitere Tagzieher wie Mauersegler (*Apus apus*) oder der auf den westlichen Kanaren und Fuerteventura endemische Einfarbsegler (*Apus unicolor*), mal eine Rohrweihe (*Circus aeruginosus*), Wiesenweihe (*Circus pygargus*) oder ein anderer reisender Greifvogel fallen am meist vogelarmen Himmel Lanzarotes ebenfalls sofort ins Auge.

Weit weniger auffallend gestaltet sich der Zug nachts und einzeln wandernder Kleinvögel. Besonders in den Morgenstunden kann der aufmerksame Naturfreund aber aus Europa vertraute Arten an den erstaunlichsten Plätzen antreffen: Gartenrotschwanz (*Phoenicurus phoenicurus*) oder Braunkehlchen (*Saxicola rubetra*) inmitten der kargen Feuerberge, Waldlaubsänger (*Phylloscopus sibilatrix*), Berglaubsänger (*Phylloscopus bonelli*) oder Grauschnäpper (*Muscicapa striata*) und Trauerschnäpper (*Ficedula hypoleuca*) in einem schwarzen Lavafeld, Rotkopfwürger (*Lanius senator*) oder Wendehals (*Jynx torquilla*) auf einer Steinmauer.

Weitere recht regelmäßige Durchzügler sind Baumpieper (*Anthus trivialis*), Schafstelze (*Motacilla flava*), Dorngrasmücke (*Sylvia communis*), Gartengrasmücke (*Sylvia borin*), Mönchsgrasmücke (*Sylvia artricapilla*), Fitis (*Phylloscopus trochilus*), Steinschmätzer (*Oenanthe oenanthe*) und Nachtigall (*Luscinia megarhynchos*).

Mit etwas Glück läßt sich sogar mal ein Pirol (*Oriolus oriolus*) oder Bienenfresser (*Merops apiaster*) auf Zugrast entdecken. Ebenso wie Urlauber aus Deutschland, Skandinavien oder England den Winter auf den Kanaren verbringen, überwintern auch einige europäische Vögel im milden Klima der Insel. Hierzu zählen neben etlichen Wat- und Wasservögeln und einem gelegentlichen Wanderfalken (*Falco peregrinus*) vor allem Singvögel wie Feldlerche (*Alauda arvensis*), Wiesenpieper (*Anthus pratensis*), Bachstelze (*Motacilla alba*), Zilpzalp (*Phylloscopus collybita*), Hausrotschwanz (*Phoenicurus ochruros*) und Rotkehlchen (*Erithacus rubecula*), selten einmal sogar die Rotdrossel (*Turdus iliacus*) oder eine Schneeammer (*Plectrophenax nivalis*).

Besonders spannend für den Vogelkundler ist das Auftreten von Irrgästen. Damit sind Vögel gemeint, die auf ihren Wanderungen normalerweise die Kanaren nicht berühren, durch widrige Umstände aber hierher verschlagen wurden.

Die Schneeammer überwintert auf Lanzarote.

Die vor dem Passatwind geschützte Ostküste Lanzarotes ist für derartige Überraschungen besonders geeignet. So entdeckte der Schweizer Vogelkundler Jörg Demont am 17.3.1977 während eines fünftägigen Schirrokkos die Ankunft von 35 abgedrifteten Weißstörchen (*Ciconia ciconia*) im Norden Lanzarotes. Weit abgekommen von ihrer Zugroute waren die Störche als lediglich über Land ziehende Thermiksegler nun an die Insel gebunden. Fang, Abschuß, Nahrungsmangel, Verletzungen, sogar Attacken von Kolkraben auf geschwächte Tiere, ließ die Anzahl rasch schwinden. Am 20.7.1977 wurden die letzten sechs Störche gesichtet, Anfang August keiner mehr.

So dramatisch müssen natürlich nicht alle Irrgäste enden. Die elf Löffler (*Platalea leucorodia*), die am 11.10.97 im Felswatt bei La Santa gesichtet wurden, konnten vermutlich ihren Kurs leicht korrigiert und als gute Ruderflieger die Reise ins afrikanische Winterquartier unbeschadet fortsetzen.

Kuhreiher (*Bubulcus ibis*), welche immer wieder einmal nach Lanzarote verschlagen werden, haben sogar schon auf Alleebäumen in Arrecife genistet. Während der letzten 20 Jahre haben spanische Wissenschaftler, aber auch viele Hobby-Ornithologen unter den Touristen aus Europa das Wissen um die Vogelwelt Lanzarotes und der anderen Kanarischen Inseln bedeutend erweitert. Besonders die Liste der Irrgäste wird von Jahr zu Jahr länger. So wurden auf Lanzarote nicht nur Flamingo (*Phoenicopterus ruber*), Purpurreiher (*Ardea purpurea*), Riffreiher (*Egretta gularis*), Weißbartseeschwalbe (*Chlidonias hybrida*) und Rötelschwalbe (*Hirunda daurica*) festgestellt, sondern auch der aus Nordamerika stammende Drosseluferläufer (*Tringa macalaria*) und die von Afrika kommende Graurückendommel (*Ixobrychus sturmii*) nachgewiesen. Die avifaunistische Erforschung der Kanarischen Inseln ist also noch längst nicht abgeschlossen.

Löffler ist ein seltener Gast auf Lanzarote.

Vögel an Lagune, Saline und Felswatt

Die wenigen Feuchtgebiete Lanzarotes an den Felswatten zwischen Arrieta und Orzola oder bei La Santa, den Salinen von Guatiza und Mirador im Norden der Insel und den Salinen und Lagunen bei Janubio im Westen der Feuerberge liegen im Sommerhalbjahr meist recht leblos unter der glühenden Sonne. Allenfalls hört man den Warnruf eines Seeregenpfeifers (*Charadrius alexandrinus*) oder Flußregenpfeifers (*Charadrius dubius*), der hier sein Gelege hat oder Junge führt. Ganz anders stellt sich die Situation zur Zugzeit oder im Winter dar. Jetzt fallen aus Eurasien kommende Wat- und Wasservögel an den Feuchtgebieten oft in großer Zahl zu Rast und Nahrungssuche ein, einige verbringen auch den ganzen Winter hier; Anzahl und Zusammensetzung der Arten ändert sich ständig je nach Jahreszeit und Witterung. Hierfür ein paar anschauliche Beispiele aus dem Februar 1997:

17. Februar 1997: Saline bei Los Cocoteros: Großes Vogelleben in den kleinen Becken der noch intakten Salzgewinnungsanlage: 20 Sandregenpfeifer (*Charidrius hiaticula*), 20 Alpenstrandläufer (*Calidris alpina*), zwei Sanderlinge (*Calidris alba*), ein Kampfläufer (*Philomachus pugnax*), eine Uferschnepfe (*Limosa limosa*), 25 Rotschenkel (*Tringa totanis*), 10 Grünschenkel (*Tringa nebularia*), zwei Flußuferläufer (*Actitis hypoleucos*) und über 30 Steinwälzer (*Arenaria interpres*) suchen eifrig nach Nahrung, zwei Seeregenpfeifer balzen. Am Felswatt nahe den Jameos del Agua halten sich 10 Seidenreiher (*Egretta garzetta*) und acht Regenbrachvögel (*Numenius phaebus*) auf.

19. Februar 1997: Felswatt bei La Santa: Viele (menschliche) Badegäste und viele nahrungsuchende Vögel zwischen Quellerstauden (*Arthrocnemum*) in Salzwasserpfützen: fünf Seidenreiher, 1 Kiebitzregenpfeifer (*Pluvialis squatarola*), 15 Seeregenpfeifer, zwei Flußuferläufer, sechs Regenbrachvögel.

Links: Seeregenpfeifer brüten an den Stränden von Lanzarote
Oben: Die Weißkopfmöwe ist allgegenwärtig.

20. Februar 1997: Lagunen und Salinen von Janubio: fünf Seidenreiher, sieben Stelzenläufer (*Himantopus himantopus*), ein Sandregenpfeifer, 10 Kiebitzregenpfeifer, zwei Uferschnepfen, vier Regenbrachvögel, acht Rotschenkel, 10 Grünschenkel, zwei Flußuferläufer, fünf Steinwälzer, vier Lachmöwen (*Larus ridibundus*) werden von einem flach übers Gewässer streichenden Wüstenfalken aufgescheucht.

Vom 16.2. bis 18.2. herrschte starker Sturm. Ab 20.2. dann fast Windstille. Die Folge: Kaum noch Vögel an den Feuchtgebieten. Am 21.2. Saline bei Los Cocoteros nur ein Grünschenkel und ein Flußuferläufer und am 22. 2. Laguna bei El Rio nur ein Kiebitzregenpfeifer, ein Rotschenkel, drei Regenbrachvögel. Der sturmbedingte Zugstau hatte sich aufgelöst, die Vögel konnten ihre Reise nach Norden fortsetzen. Solche witterungsbedingten Bestandsschwankungen sind zur Zugzeit typisch. Neben den genannten Arten besteht die Chance, auch Pfuhlschnepfe (*Limosa lappicona*), Säbelschnäbler (*Recurvirostra avosetta*) Sichelstrandläufer (*Calidris ferruginea*) oder Zwergstrandläufer (*Calidris minuta*) anzutreffen.

Ein Blick aufs Meer: Möwen, Seeschwalben und Sturmtaucher

Wer in den Urlaubszentren Lanzarotes ein Zimmer oder Appartement mit Meerblick gebucht hat, ist in der glücklichen Lage, in aller Ruhe vom Sessel aus mit dem Feldstecher die See nach fliegenden Fischen, springenden Delphinen und diversen Meeresvögeln absuchen zu können.

Als erstes werden ihm sicher die allgegenwärtigen Weißkopfmöwen (*Larus cachinnans atlantis*) auffallen, die auf den Kanaren unsere Silbermöwe ersetzen. Die Weißkopfmöwe unterscheidet sich von letzterer durch gelbe Beine, dunkleren Mantel und weniger Weiß an der Flügelspitze. Etwa 1000 Paare nisten auf Lanzarote. Im Winterhalbjahr gesellen sich weitere Weißkopfmöwen von den Nachbarinseln hinzu, die sich dann oft in großen Gruppen an nahrungsreichen Plätzen oder an Müllkippen einstellen. Dann können sich auch Heringsmöwen (*Larus fuscus*) und Lachmöwen (*Larus ridibundus*) als Gäste aus dem Norden hinzugesellen.

Regelmäßige Wintergäste oder Durchzügler vor der Küste sind die eleganten, im Sturzflug nach Fischen tauchenden Brandseeschwalben (*Sterna sandvicensis*) und Flußseeschwalben (*Sterna hirundo*), die gerne rüttelnd nach Beute Ausschau halten. Stoßtaucher von ganz anderer Qualität sind die riesigen Baßtölpel (*Sula bassana*), die sich wie eine Rakete aus großer Höhe ins Meer stürzen und anvisierte Fische unter Wasser weiter verfolgen. Allerdings halten sich nur die unausgefärbten, dunkelbraunen Jungvögel soweit im Süden ihres Verbreitungsgebietes auf. Die prächtigen schwarzweißen Alt-

Oben: Papageientaucher.
Links: Gelbschnabelsturmtaucher brüten in großer Zahl auf Lanzarote und den angrenzenden Eilanden.

vögel überwintern dagegen weiter nördlich an europäischen Küsten.

Mit viel Glück und Ausdauer erlebt man eines Tages gar das seltene Schauspiel, wie ein oder zwei Große Raubmöwen (*Stercorarius skua*) einen Baßtölpel oder andere Meeresvögel in heftigen Sturzflügen solange attackieren, bis diese die gefangene Beute wieder ausspeit. Noch im Fallen ergreifen die Raubmöwen das Ausgeworfene und verzehren es sofort. Geschwächte Vögel können von Raubmöwen auch getötet werden.

Während die genannten Wintergäste aus Europa regelmäßig in Küstennähe erscheinen, bleiben andere fast immer auf hoher See. Hierzu zählt auch der Papageientaucher (*Fratercula arctica*), auf den man allenfalls als Totfund an der Meeresküste einmal aufmerksam wird. Oft lediglich mit Spektiv zu entdecken sind die weit draußen auf schmalen Schwingen flach über die Atlantikdünung dahingleitenden Sturmtaucher. Nie ist ihr Flug hoch über dem Meer rudernd oder kreisend wie jener der Möwen. Immer nur wenige Zentimeter über der Wasseroberfläche "surfend", nutzen Sturmtaucher geschickt die Aufwindwirbel der Wellen, heben sich hoch auf einen Wellenkamm, streichen dann wieder haarscharf ein Wellental entlang, wobei sie mal die helle Unterseite, mal die dunkle Oberseite zeigen.

Sturmtaucher verbringen ihr ganzes Leben auf offener See. Nur zur Fortpflanzungszeit gehen sie an Land, um in einer Erd- oder Felsenhöhle ein einziges Ei zu bebrüten, Das Füttern der Jungvögel geschieht nur während der Nacht. Da Sturmtaucher in Kolonien brüten, herrscht in der Dunkelheit beträchtlicher Lärm, während am Tage kein Laut die Vogelansammlung verrät.

Vor Lanzarotes Küsten sind von März bis September Gruppen nahrungssuchender Gelbschnabelsturmtaucher (*Colonectris diomeda*) sehr auffällig. Die fast silbermöwengroßen Gelbschnabelsturmtaucher gehen um diese Zeit ihrem Brutgeschäft in Felshöhlungen der Insel nach. Nisten auf Lanzarote selber lediglich um 700 Paare, so beherbergt die im Norden vorgelagerte Insel Alegranza Kolonien von 9000 bis 12 000 Brutpaaren. Neuerdings wurden im Küstenbereich des Parque Nacional de Timanfaya zwei weitere Sturmvogelarten als Brutvögel nachgewiesen: um die 20 Paare des Bulwersturmvogels (*Bulweria bulwerii*) und einige Paare vom Madeira-Wellenläufer (*Oceanodroma castro*).

Der auf den Lanzarote im Norden vorgelagerten Inseln nistende Kleine Sturmtaucher (*Puffinus assimilis*) ist mit etwas Glück ebenfalls zu sehen. Zur Zugzeit sollte man unbedingt auf die nur mauerseglergroßen Sturmschwalben (*Hydrobates pelagicus*) und Wellenläufer (*Oceanodroma leucorhoa*) achten, Gäste von Europas Küsten, die gelegentlich Schiffen folgen und flatternd mit herabhängenden Beinen übers Wasser zu "laufen" scheinen.

Erstaunlichster Zuggast dürfte wohl die Buntfüßige Sturmschwalbe (*Oceanites oceanites*) sein. Sie nistet im November/Dezember auf Eilanden rund um die Antarktis. Nach Brutende begeben sich die Vögel auf eine weite Wanderung aus dem Südatlantik in den Nordatlantik und erscheinen dann im Mai und Juni vor der Küste Westafrikas und um die ostatlantischen Inseln. Im September erst wenden sie sich wieder südwärts ihren antarktischen Brutplätzen zu. Die Buntfußsturmschwalbe ist größer als die europäische Sturmschwalbe und die langen Beine überragen den Schwanz im Fluge beträchtlich.

Oben: Der Madeira Wellenläufer ist Brutvogel auf Lanzarote.
Links: Die in der Antarktis brütende Buntfüßige Sturmschwalbe unterscheidet sich vom Madeira Wellenläufer hauptsächlich durch die gelben Schwimmhäute.
Rechte Seite: Der Wanderigel wurde in jüngster Vergangenheit vom Menschen auf die Kanaren gebracht.

Säugetiere – ein Floh brachte es an den Tag

Abgesehen von den flugfähigen Fledermäusen (*Chiroptera*), von denen es jedoch auf Lanzarote nur eine einzige Art, die Weißrandfledermaus (*Pipistrellus kuhlii*) gibt, haben es Säugetiere besonders schwer, isolierte ozeanische Inseln zu besiedeln. Man glaubte daher lange, daß auf dem Kanarischen Archipel ursprünglich keine weiteren vorhanden seien. In jüngster Vergangenheit ist es jedoch gelungen, das Gegenteil zu beweisen. Wesentlich hieran beteiligt war Dr. Rainer Hutterer, ein am Zoologischen Forschungsinstitut und Museum Alexander König in Bonn tätiger Wissenschaftler.

Nach langem zähen Suchen konnte er 1983 die ersten Spitzmäuse auf den Inseln Fuerteventura und Lanzarote entdecken. Sie leben hier in den Spalten des Untergrundes vegetationsarmen Lagerölls, wo sie Nahrung und in der Mittagsglut auch ausreichend Schutz vor der Hitze finden. Diese Tiere konnten nach genauen Analysen der in Afrika vorkommenden Spitzmäuse als Vertreter einer neuen Art, der Kanarischen Spitzmaus (*Crocidura canariensis*), beschrieben werden. Inzwischen wurde

Oben: Die Kanarische Spitzmaus wurde erst 1983 entdeckt.

aufgrund von Fossilfunden ihrer Knochen nachgewiesen, daß diese auf den Ostinseln endemische Spitzmaus seit mindestens 30 000 Jahren hier vorkommt.

Zusammen mit spanischen und französischen Kollegen konnte Dr. Rainer Hutterer weitere zoologische Geheimnisse Lanzarotes lüften. Aus den Ablagerungen in Lavahöhlen, die den Ureinwohnern als Lebens- und Begräbnisstätte gedient haben, konnten sie Knochen heraussieben, die einem bis dahin unbekannten Nagetier (*Rodentia*) gehört hatten. Dieses ist mit den zu den Insektenfressern (*Insectivora*) gehörigen Spitzmäusen nur entfernt verwandt; denn es handelte sich bei diesem Fund um eine echte, allerdings ausgestorbene Maus. Sie wurde als Lavamaus (*Malpaísomys insularis*) für die Wissenschaft neu beschrieben.

Für das Aussterben der Lavamaus gibt es Gründe, die die Wissenschaftler mit dem Erscheinen einer ihrer nahen Verwandten, der Hausmaus (*Mus musculus*), vor 2000 Jahren in Zusammenhang bringen. Diese nämlich trat damals erstmalig auf Lanzarote auf, während die Lavamaus seitdem gleichzeitig stetig bis zu ihrem völligen Verschwinden in ihrer Häufigkeit abnahm. So zumindest zeigen es die fossilen Knochenreste beider Arten. Die Wissenschaftler vermuten, daß die Hausmäuse für die Lavamäuse gefährliche Krankheitserreger mitgebracht hatten, gegen die diese ihre Resistenz während ihrer isolierten Evolution auf der Insel verloren hatten.

Interessanterweise hat die ausgestorbene Lavamaus einen lebenden Zeugen ihrer Existenz hinterlassen: Von ihr hat wahrscheinlich ein Blutparasit, der Floh *Xenopsylla guancha*, bis heute überlebt. Da er ausschließlich auf Lanzarote auftritt und hier nur auf Hausmäusen gefunden wurde, ist er wahrscheinlich von der Lavamaus auf die nahe verwandte Hausmaus übergewechselt, als diese noch nebeneinander lebten. Auch Flöhe können somit wichtige Beiträge zur Wissenschaft leisten.

Die Hausmaus hat uns gezeigt, daß der Mensch sehr früh Säugetiere auf die Kanarischen Inseln eingeschleppt hat, die hier ursprünglich nicht vorkamen. Der Maus ist sicherlich in Nahrungsvorräten unbekannter Seefahrer versteckt die Überfahrt unbemerkt gelungen. Ihr Vorkommen auf Lanzarote seit 2000 Jahren liefert damit einen lebenden Beweis einer weitaus älteren Kenntnis der Kanarischen Inseln als die der Spanier.

*Rechts: Die Hausmaus lebt seit ca. 2000 Jahren auf Lanzarote.
Unten: Von der ausgestorbenen Lavamaus sind nur noch Knochenreste wie dieser Schädel zu finden.*

Anders ist die Situation beim Igel. Die heutzutage auch auf Lanzarote häufig als Verkehrsopfer endenden Tiere gehören zu den Wanderigeln (*Atelerix algirus*), von denen 1892 ein Paar aus Marokko nach Fuerteventura gebracht wurde. Diese Art weicht äußerlich von unserem Igel (*Erinaceus europaeus*) durch größere Ohren und einen Stirnscheitel ab. Sie hat auf Lanzarote helle und dunkle Farbvarianten entwickelt.

Auch das häufige Kaninchen (*Oryctolagus cuniculus*), eines der Hauptbeuteobjekte der mit Hilfe von Frettchen (*Putorius furo*) auf sie betriebenen Jagd, ist auf Lanzarote nicht ursprünglich heimisch.

Gefährdung und Schutzmaßnahmen

Lanzarote – Isla ecologica?

Die karge Natur Lanzarotes und die engen Grenzen einer kleinen Insel lassen den hier wohnenden Menschen mehr als andernorts tagtäglich die Begrenztheit aller Ressourcen deutlich werden. Der enorm angestiegene Tourismus hat die Autarkie der Insel seit langem gesprengt. Das Grundbedürfnis nach Wasser muß inzwischen mit hohem Energieeinsatz durch Entsalzung von Meerwasser gestillt werden. Der Bau touristischer Siedlungen hat unter anderem die Ostküste um Puerto del Carmen stark verändert und läßt nunmehr dasselbe den Südstränden um Playa Blanca widerfahren.

Der Anfang zu einem Schutz der Natur ist jedoch gemacht. Lanzarote wurde 1993 in seiner Gesamtheit von

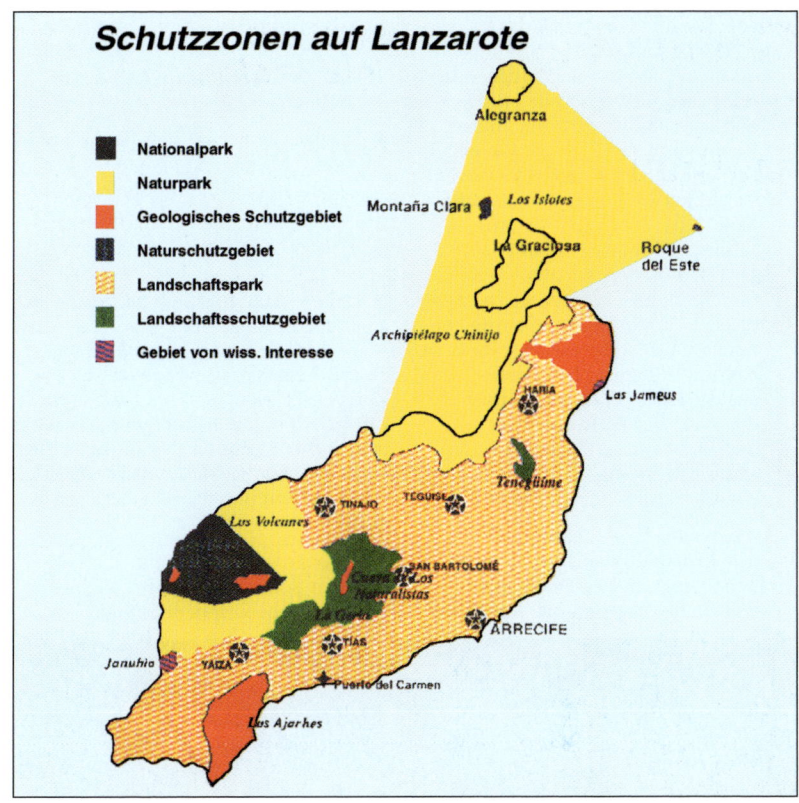

Der Parque Eolico wurde an einer landschaftsökologisch nachteiligen Stelle oberhalb des Barranco de Teneguime mit seinen störempfindlichen Brutplätzen seltener Vogelarten errichtet.
Oben: Die national geschützten Areale Lanzarotes.

der UNESCO als Biosphärenreservat anerkannt. Seit Dezember 1994 haben zudem wichtige Lebensräume Lanzarotes zusätzlich zu dem bereits älteren Nationalpark einen im Folgenden zu erläuternden Schutzstatus. Wie überall auf der Erde gilt es jedoch, die hehren Ziele auch praktisch umzusetzen.

Nationaler Schutz

1. Die höchste Schutzkategorie hat der Timanfaya-Nationalpark. In ihm darf keinerlei Nutzung durch den Menschen erfolgen. Allerdings sollen Besucher an seine Besonderheiten herangeführt werden.

2. Zwei Gebiete sind Naturparke (Parque Natural). Naturparke sind nach spanischem Recht große, wenig genutzte unbebaute Räume, die nur der Erholung, Bildung und Wissenschaft zur Verfügung ste-

hen. Der eine davon ist das "Archipielago Chinijo", das sämtliche nördlich Lanzarotes gelegenen Inseln sowie den Risco de Famara und einen Küstenstreifen an der Bucht von Caleta bis zur Ortschaft Soo einschließt. Die Größe beträgt 9112 ha. Der andere ist der Naturpark "Los Volcanes". Er umschließt mit einer Fläche von 10 158,4 ha den Timanfaya-Nationalpark als Pufferzone. Der Naturpark "Archipielago Chinijo" beinhaltet das Naturreservat (Reserva Natural Integral) "Los Islotes", das aus der Insel Montaña Clara sowie den zwei Felsen Roque del Oeste und Este besteht. Dieser Sonderstatus erlaubt nur den Besuch aus wissenschaftlichen Gründen.

3. Als Landschaftsschutzgebiet (Paisaje Protegido) sind der Barranco Teneguime und das Weinanbaugebiet La Geria geschützt. Sie haben eine Fläche von 421,1 ha bzw. 5255,4 ha. In ihnen ist die Schönheit der Kulturlandschaft das Schutzziel.

4. Lanzarote besitzt fünf Naturdenkmale (Monumento Natural). Von ihnen sind zwei, "Malpaís de La Corona" und "Los Ajaches", besonders wichtig. Sie haben eine Fläche von 1797 ha und 3009,5 ha.

5. Als wissenschaftlich bedeutsame Lebensräume sind "Los Jameos del Agua" und die "Salina del Janubio" erklärt.

Zusätzlich hierzu werden einige einzelnen Arten dienende Programme von der Umweltbehörde (Medio Ambiente) verfolgt. Es sind dies:

1. Plan de recuperación de la Hubara. Dieses Vorhaben befaßt sich mit dem Schutz und der Entwicklung der Kragentrappenbestände.

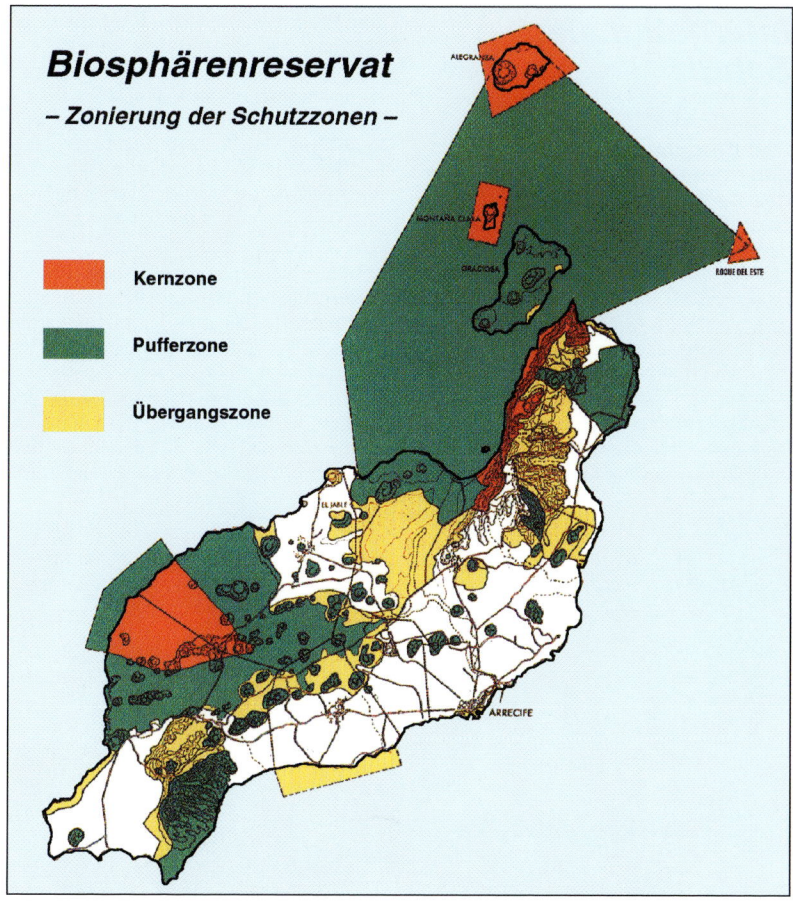

Das international geschützte Biosphärenreservat Lanzarote. Links: Rotes Vulkangestein

2. Campaña de protección de la Pardela. Die aus ihren Bruthöhlen ausfliegenden jungen Gelbschnabelsturmtaucher werden durch die nächtliche elektrische Beleuchtung der menschlichen Siedlungen irritiert und landen häufig in den Städten hilflos am Boden. Die Bevölkerung wird über die fachgerechte Behandlung der aufgefundenen Tiere aufgeklärt.

3. Plan de protección de los Murcielagos. Dieses Artenschutzprogramm beschäftigt sich mit dem Schutz der Fledermäuse und ihrer Lebensstätten.

Internationaler Schutz

Das Biosphärenreservat Lanzarote – ein ehrgeiziges Ziel

Am 7. Oktober 1993 wurde Lanzarote unter Einschluß der nördlich vorgelagerten Eilande als Biosphärenreservat von der UNESCO anerkannt. Biosphärenreservate umfassen definitionsgemäß geschützte Areale von repräsentativen terrestrischen und Küstenökosystemen, die international im UNESCO-Programm "Man and the Biosphere" (MAB) vernetzt sind. Sie sind anerkannt in ihrer Bedeutung für den Naturschutz und die Gewährleistung wissenschaftlicher Erkenntnisse, menschlicher Fertigkeiten und Werte zur Unterstützung einer nachhaltigen Entwicklung. Biosphärenreservate sollen weltweit einen Informationsaustausch über den Schutz und das Management natürlicher und menschlich beeinflußter Ökosysteme ermöglichen. Sie werden in drei unterschiedlichen Schutzgebietskategorien zoniert:

In der Kernzone (mindestens 3% der Gesamtfläche) erfolgt strikter Schutz und keinerlei Nutzung. Auf Lanzarote gehören die nördlich vorgelagerten Inseln, Montaña Clara und Roque del Este, der Risco de Famara sowie der Timanfaya-Nationalpark dem Kernzonenbereich an. Die Kernzonen sollen von einer Puffer- oder Pflegezone (min-

destens 10%, zusammen mit der Kernzone insgesamt mindestens 20% der Gesamtfläche) umgeben sein. In ihr sind nur Aktivitäten zulässig, die dem Schutzzweck nicht zuwiderlaufen. Auf Lanzarote bilden die Naturparke Archipiélago Chinijo und Los Volcanes, die geologischen Schutzgebiete Malpaís de la Corona und Los Ajaches sowie die Landschaftsschutzgebiete Barranco de Teneguime und La Geria den wichtigsten Teil dieser Pufferzone. Eine anschließende Übergangs- oder Entwicklungszone ermöglicht die Integration des Menschen im Rahmen der Entwicklung nachhaltiger Nutzung. Ihr gehört auf Lanzarote unter anderen das Gebiet El Jable an. Die Insel Lanzarote mit ihren einzigartigen natürlichen biotischen und abiotischen Gegebenheiten und in ihrer insularen Überschaubarkeit - lange Zeit geschont infolge der von César Manrique ganzheitlich betriebenen Entwicklung - könnte das weltweite Musterbeispiel eines wahrhaft in die Realität umgesetzten Biosphärenreservates werden.

Jagd

Auch auf Lanzarote ist die Jagd für etliche Einheimische ein beliebtes Freizeitvergnügen. Es gibt sowohl auf die Arten bezogene als auch zeitliche und räumliche Beschränkungen. So dürfen zwar die Vogelarten Steinhuhn, Wachtel, Turtel- und Felsentaube noch geschossen werden, dies jedoch nur sonntags und an Festtagen in der Zeit vom 31. August bis zum 9. November eines jeden Jahres. Die gleichen Bedingungen gelten für Kaninchen, die allerdings zusätzlich auch donnerstags bejagt werden dürfen.

In verschiedenen Gebieten ist auch die Jagd auf die zuvor genannten Vögel verboten. Die wichtigsten sind der Timanfaya-Nationalpark, die Salinas de Janubio, der Parque Natural Archipielago Chinijo und die als Zonas de Reserva gekennzeichneten Gebiete "Los Llanos de los Ancones y El Jable" im Norden und die Ebene "El Rubicon" im Süden der Insel. In Teilen des Archipielago Chinijo sowie der Zonas de Reserva darf das Kaninchen mit Hunden und Frettchen bejagt werden.

Linke Seite: Hinweisschild auf die "Feuerberge" im Zentrum des Biosphärenreservates, dem Nationalpark Timanfaya.
Bild links: Die Jagd auf Kaninchen ist ein beliebtes Freizeitvergnügen vieler Einwohner Lanzarotes.

Lanzarote - Modell für eine nachhaltige Entwicklung?

Von den Naturwerten zu den Kulturwerten

Die Entwicklung der Insel und die seiner Bewohner wurde seit Urzeiten durch die geographische Lage von Lanzarote geprägt: eine kleine Insel (846 km^2 Fläche), relativ flach und mit wenigen Höhen versehen. Fruchtbare Flächen, die sich abwechseln mit unkultivierbarem "malpaís"; ein ständiger Kampf um die knappen Wasserressourcen. Die einzigen Produkte, die es immer im Überfluß gab, waren Fisch und Meeresfrüchte.

Die Ureinwohner der Kanarischen Inseln lebten in reduzierten Dorfgemeinschaften, leicht verletzbar durch die Krankheiten, die durch Kontakte mit der Außenwelt eingeschleppt wurden. Die Guanchen bevölkerten die Insel rund 2 000 Jahre, waren seßhaft und lebten vom Trockenanbau und der Viehwirtschaft (Schafe und Ziegen).

Unter der Herrschaft der Spanier im 15. Jahrhundert dominiert neben Landwirtschaft und Viehzucht der Sklavenhandel auf der Insel. Anfang des 18. Jahrhunderts erlebt Lanzarote seinen industriellen Aufschwung durch die Textilherstellung.

Landwirtschaft

Durch die landwirtschaftliche Tätigkeit entstanden auch auf Lanzarote wertvolle Kulturlandschaften, die gekennzeichnet sind von einem hohen Grad an Anpassungsfähigkeit an die klimatischen und geologischen Gegebenheiten in bezug auf die Kultivierungstechniken. Die Wasserknappheit war und ist einer der entscheidenden Faktoren für die Land-

Links: Der vormals unbebaute Bereich zwischen Arrecife und Tias ist inzwischen nahezu geschlossen mit Siedlungen überzogen.
Oben: Zwiebelernte auf den Lavafeldern.

wirtschaft: Lanzarote hat jährlich höchstens 47 Tage Regen mit einem durchschnittlichen Niederschlag von 160 mm, die Luftfeuchtigkeit liegt bei etwa 70 %, die Temperaturen immer bei über 20° C. Der Boden wird durch den ständigen Wind zusätzlich ausgetrocknet.

In der landwirtschaftlichen Entwicklung gibt es ein Vor und Nach den Vulkanausbrüchen von 1730 – 1736. Vorher lebte der campesino in der Misere; mühselig wurde der sandige Boden, durchsetzt mit Muschelresten (Jable), für den Getreideanbau kultiviert oder als Weideland für die Ziegenherden genutzt. Im Norden der Insel wurde damals allerdings schon el cultivo en gavias praktiziert, das Anlegen von Terrassen, um Wasser zu sammeln und Getreide, Hülsenfrüchte oder Feigenbäume anzubauen.

Die ärmsten Böden (malezas) in Küstennähe oder der Übergang zum "malpaís" wurden nicht bewirtschaftet und nur als Weideland genutzt. Die jüngsten Vulkanausbrüche bedeckten die Insel mit Lava und Vulkanasche und veranlaßten die Inselbewohner zu einer landwirtschaftlichen Praxis, die einzigartig ist: los cultivos enarenados, was mit Sandlöcher-Kulturen (schlecht) übersetzt werden kann.

Erfinder dieser für Lanzarote so charakteristischen Art, die angebauten Pflanzen zu schützen, soll der Bischof Don Pedro gewesen sein, der, nachdem Aschenregen seine Felder bedeckte, befahl, Löcher auszuheben, um die Setzlinge in die darunterliegende Erde zu pflanzen. Durch das Ausgraben wurde die Erde mit der nährstoffreichen Vulkanasche gemischt und die aufgeschütteten

In den vergangenen Jahren sind die Ziegenbestände auf Lanzarote stark angestiegen.

Wälle sorgten für genügend Feuchtigkeit und Schutz vor dem Wind. Beides hatte einen sehr positiven Einfluß auf die Qualität der Ernte und gab den Ausschlag für berühmte Kulturen wie la uva malvasia, ein Wein, den Shakespeare oder Walter Scott hoch zu schätzen wußten. Heute ist dieses Anbausystem fest in die Landschaft integriert und zum unverkennbaren Markenzeichens Lanzarotes und zu einer touristischen Sehenswürdigkeit der Insel geworden. Der kanarische Wein wird aufgrund seiner besonderen Qualität mit einem Gütezeichen, einer Denominación de Origen, verkauft.

Viehzucht

An Nutztieren ist heute fast ausschließlich die kanarische Ziege vertreten, nachdem die Schafzucht in den letzten 20 Jahren der landwirtschaftlichen Krise aufgegeben wurde. Die Anzahl der Ziegen ist von 3000 im Jahr 1988 auf etwa 15 000 Mitte der 90er Jahre gestiegen, gefördert durch Kampagnen zur Promotion des ausgezeichneten Käses Queso conejero, ebenfalls eines der Markenzeichen der Insel. verursachen allerdings bei intensiver Beweidung gravierende Umweltprobleme.

Fischfang

Schon im 18. Jahrhundert verfügte Lanzarote über eine wichtige Fischfangflotte, die über 20 % des gesamten kanarischen Fangs einbrachte. 1933 wurde dieser Sektor modernisiert und industrialisiert und Fabriken für Fischkonserven gebaut. Inzwischen lebten rund 27 000 Menschen auf der Insel, in den Salinas de Janubio wurde Salz gewonnen. Mitte der 90er Jahre existierten drei Genossenschaften mit insgesamt 197 Booten bzw. Schiffen und 896 Fischern.

Lanzarote und der Tourismus

Lanzarote verzeichnet eine steigende Bevölkerungstendenz. Seit dem ersten Ansturm des Massentourismus in den 60er Jahren hat sich die Anzahl der auf Lanzarote residierenden Personen auf über 80 000 verdoppelt. Über die Hälfte der (gemeldeten) Bevölkerung lebt in der Gemeinde von Arrecife. Mit einem Durchschnitt von 170 Einwohnern pro km^2 hat Lanzarote allerdings bei weitem noch nicht die Bevölkerungsdichte von Gran Canaria erreicht, die mit 542 Einwohnern pro km^2 doppelt so hoch ist wie in Deutschland und sechs Mal so hoch wie in Spanien.

Kein Tourismus-Boom ohne Bauboom – und Lanzarote macht keine Ausnahme. Mußte sich auch César Manrique in den 70er Jahren noch keine Sorgen machen, im zweiten Ansturm, zehn Jahre später, kam das ökologische Gleichgewicht Lanzarotes durch das Baufieber ganz schön ins Wanken. 1997 besuchten mehr als 1,4 Mio Touristen Lanzarote. Wie auf anderen Inseln verunstaltet auch hier der Bauschutt die Ebenen oder wurde einfach in die Barrancos (kleine Schluchten) gekippt. Touristische Urbanisationen wurden aus dem Boden gestampft, legale und wilde Müllkippen eingerichtet. 1997 waren 5 % der Insel bebaut.

Ein Kamelritt in den Feuerbergen erfreut sich bei den meisten Touristen großer Beliebtheit.

Wer macht Urlaub auf Lanzarote?

Neben den Spaniern zählen die deutschen und britischen Urlauber zu den wichtigsten Touristen, gefolgt von den Niederländern, Finnen und Schweden. Der Aufenthalt auf Lanzarote ist im Vergleich zu anderen Inseln relativ lang: die Hälfte der Touristen macht sieben Tage und ein Drittel 14 Tage Urlaub. Die durchschnittliche Aufenthaltsdauer beträgt 10,4 Tage.

Turismo sostenible?

Immer noch suchen die Touristen überwiegend Sol y Playa (Sonne und Strand) auf Lanzarote. Außerdem ist die Insel besonders attraktiv für Surf-Liebhaber. Touristen, die einen sanften Tourismus praktizieren wollen, sind noch in der Minderheit. In den letzten drei Jahren wurde allerdings das Angebot erweitert: spezielle Angebote für Kulturinteressierte, Wandern und Reiten sowie Fahrrad-Routen.

César Manrique gehörte offensichtlich zu den wenigen, die sich und vor allem die Verantwortlichen für die Entwicklung der Insel fragten: Wieviel Tourismus brauchen wir und wieviel Tourismus wollen wir? Damit und mit einer begonnenen Regionalplanung und dem Ergreifen von vorbeugenden Maßnahmen gehört Lanzarote mit den Balearen zu den wenigen Tourismusdestinationen in Spanien, die sich Gedanken über eine zukünftig nachhaltigere Entwicklung ihrer Insel machen.

Die Zukunft Lanzarotes wird entscheidend davon abhängen, ob das touristische Wachstum ungebremst auf mögliche 3,9 Mio. Touristen im Jahr 2017 mit allen negativen Folgen für die Umwelt und das soziale Gefüge der Insel weiterläuft. Es ist zu hoffen, daß ein Moratorium die heutige Entwicklung stoppen wird.

Die weiten Sandstrände von Lanzarote laden zum Sonnenbaden ein.

Müll

Die Müllabfuhr auf Lanzarote liegt in der Kompetenz der Gemeinden. Zwar existiert eine kontrollierte Müllhalde, nur drei Prozent des Abfalls wird dem Recycling zugeführt. Maßnahmen zur Müllvermeidung und ein verbessertes Abfallmanagement sind dringend erforderlich.

Wasser und Abwasser

Fast das ganze Wasser wird durch eine Entsalzungsanlage gewonnen, die ihre Produktion in nur 10 Jahren verdreifacht hat (1982 = 2.222.000 Kubikmeter, 1992 = 6.568.000 Kubikmeter. Die Erhöhung der Produktion war notwendig, um der Steigerung des Wasserkonsums gerecht zu werden. Der traditionell sorgsame Umgang mit dem knappen Gut Trinkwasser und dessen Wiederverwendung sind weitgehend in Vergessenheit geraten. Der Wasserkonsum der Bevölkerung lag Ende der 90er Jahre bei

Eine witeres Anwachsen von Hotels und Ferienappartments gefährdet das empfindliche Ökosystem Lanzarotes.

138 Litern und bei Touristen gar bei 230 Litern pro Tag. Der mit der Entsalzung verbundene Energieaufwand ist entsprechend hoch. Ab Anfang des 21. Jahrhunderts soll das gesamte Trinkwasser mit Windenergie aufbereitet werden.

Die Abwässer werden auf der Insel immer noch unzureichend behandelt. Arrecife, Puerto del Carmen und Costa Teguise haben eine Kläranlage, in Los Cocoteros und La Santa sollen Kläranlagen eingerichtet werden. Die meisten Dörfer im Inselinneren und die touristischen Siedlungen außerhalb der Dörfer haben jedoch überwiegend nicht einmal eine Kanalisation, geschweige denn eine funktionierende Kläranlage vorzuweisen. Die Folge ist eine zunehmende Verschmutzung des Meeres vor allem in unmittelbarer Küstennähe.

Energie
Wie beim Wasser hat sich auch der Energiekonsum in den letzten Jahren fast verdreifacht – und entsprechend ist die Energieproduktion gestiegen: 1987 wurden 256 000 MWh produziert, 1996 waren es schon 550 000 MWh. Während die örtliche Bevölkerung täglich 7,7 KWh verbraucht, benötigt der Tourist 11,5 KWh elektrische Leistung.

Der Strom wird zu über 20 Prozent durch Windkraftanlagen gewonnen, der überwiegende Teil jedoch mit zum Teil stark veralteten Ölkraftwerken. Im größten Windenergie-Park auf Lanzarote bei Teguise haben die 48 Windmühlen eine Gesamtleistung von 5280 KW.

Verkehr
Mit 800 Pkw pro 1000 Einwohnern ist Lanzarote Ende der 90er Jahre übermotorisiert. Die Gesamtfahrleistung betrug 1997 beeindruckende 685 Mio km. Touristen legen täglich im Schnitt 49 km zurück. Parallel zur touristischen Entwicklung ist der Autobestand der Insel zwischen 1988 und 1996 um 65 Prozent angewachsen.

Ausblick in die Zukunft:
Im Vergleich zu den meisten anderen spanischen Tourismus-Zielen schneidet Lanzarote gut ab und kann ihnen gegenüber in vielen Aspekten als Modellprojekt für eine nachhaltige Tourismusentwicklung bezeichnet werden. Doch die Verantwortlichen der Insel haben mit der Kandidatur zum Biosphären-Reservat für sich selbst hohe Anforderungen festgelegt.

Gute Pläne und Ansätze sind also vorhanden, in den kommenden Jahren kommt es nun auf die konsequente Umsetzung an!

Reise-informationen

Hinweise und Tips für Besucher

Reisezeit

Das Klima auf Lanzarote weicht im allgemeinen positiv von dem in Nordeuropa ab. Weder gibt es eisige Winter noch drücken trübe Novembertage die Stimmung. Es sind daher andere Motive bei der Wahl des Zeitraumes für den Besuch der Insel maßgeblich. Ein Badeurlaub sollte am besten in der Zeit von Juli bis Oktober erfolgen, da dann das Meer angenehm warm ist. Die Vegetation der Insel ist jedoch verdorrt. Im Frühjahr dagegen, von Februar bis April, ist Lanzarote nicht wiederzuerkennen. Die Natur zeigt sich in ungeahnter Pracht und Vielfalt und begeistert Auge und Ohr.

Kamelkarawane am Fuß der Feuerberge.

Anreise

Obwohl die Anreise mit Pkw und Fähre aus Mitteleuropa grundsätzlich möglich ist, kommt aus Zeit- und Kostengründen nur die Flugreise ernsthaft in Frage. Alle großen Reiseveranstalter wie TUI und Charterflieger wie Condor bieten Pauschalreisen, aber auch kostengünstige "Nur-Flüge" an.

Fortbewegung auf Lanzarote

Schon bei der Wahl des Aufenthaltsortes auf Lanzarote läßt sich erreichen, daß weite Anfahrtswege zu den Ausgangspunkten der vorgeschlagenen Wanderungen vielfach entfallen. Arrieta, Orzola, La Caleta und die Urbanisación Famara sind die einzigen Orte auf Lanzarote, in deren Umgebung nachts balzende Triele zu hören sind. Dies ist ein besonderer Anreiz für den Besuch des Nordteiles der Insel. Bei guter Kondition und ausreichend Sonnenschutz bieten sich zudem Fahrräder als Transportmittel an. Sie werden in verschiedenen Orten tage- oder wochenweise vermietet, werden aber auch als Gepäck von den Fluggesellschaften mitgenommen. Die Anzahl der auf Lanzarote verkehrenden Leihwagen hat die kritische Grenze seit langem überschritten. Sie sollten daher nur, wenn es unabdingbar ist, Verwendung finden. Auf keinen Fall sollten Sie mit Geländewagen abseits der offiziellen Straßen fahren. Alternativ kann man sich auch von einem Taxi zu jedem gewünschten Ort fahren lassen.

Unterbringung

Besonders in der Hochsaison ist es ratsam, bereits vor Reiseantritt ein Hotelzimmer oder Pension zu mieten. Wer sich selbst versorgen möchte, kann auch eines der zahlreichen Appartments auf Lanzarote wochenweise mieten. Achtung: Einige dieser Unterkünfte sind in einem schlechten Bauzustand. Bei Buchungen über einen der großen Reiseveranstalter kann das Risiko eines Reinfalls verringert werden.

Tourenvorschläge

Auf den hinteren inneren Umschlagseiten finden Sie eine Karte, in der die Touren eingetragen sind.

Tour 1: El Jable

Die Ebene "El Jable" ist am besten von der Straße von Teguise nach La Caleta zu erkunden. Von dieser abgehend, durchschneiden einfache Feldwege das Gebiet nach den Orten Soo und Munique, sodaß eine Rundfahrt oder ein Durchwandern möglich ist. Es empfiehlt sich, an verschiedenen Punkten einen Halt einzulegen. Dies ermöglicht am Rande der Wirtschaftsflächen die Beobachtung der Vogelwelt, eine Wanderung zu einer der drei Binnendünen oder eine Besichtigung der küstennahen Dünenzone. Trappen und Rennvögel sind nur in der frühen Dämmerung aktiv.

Bei Soo sollte ein Blick in die landwirtschaftlichen Kulturflächen geworfen werden. Empfehlenswert ist das Freilichtmuseum Agricola El Patio in Tiagua, das sich unter anderem mit der traditionellen Landwirtschaft Lanzarotes beschäftigt. Als Abschluß dieser Tour lädt der weiße Strand von Caleta de Famara mit herrlicher Atlantikbrandung und interessantem Spülsaum zum Baden ein. Im Fischerort La Caleta finden sich verschiedene hervorragende Restaurants, in denen Fischspezialitäten angeboten werden. Ein Spaziergang über die Uferpromenade eröffnet einen Blick in die Aktivitäten der Fischer und der übrigen Dorfbevölkerung. Die Biologie hierzu ist in den Kapiteln El Jable (S.12), Landwirtschaft (S.20), Schwarzkäfer (S.71) beschrieben.

Das Sandliebende Androcymbium (Androcymbium psammophilum) ist Endemit und wächst nur auf den Dünen in El Jable.

Tour 2: Risco de Famara

Folgt man dem Wege oberhalb der Urbanisación Famara mit ihren halbkreisförmigen Bungalows in nördlicher Richtung, so erreicht man nach einer Weggabelung, die links zur Küste führt, sich rechts haltend ein altes Gehöft (Casas de Famara). Von hier unten wandert man auf dem gut ausgebauten Wege weiter, bis er nicht mehr begehbar ist. Da der Risco de Famara bis zum Mittag im Schatten liegt, empfiehlt sich die zweite Tageshälfte zur Wanderung. Der Rückweg wird über einen Verbindungsweg erreicht und erfolgt entlang der Meeresküste unterhalb des Hinweges. Ein weiter flacher Sandstrand bietet hier herrliche Bademöglichkeiten. Innerhalb der Urbanisación Famara findet sich ein gutes Restaurant. Ein alternativer Wanderweg windet sich im Barranco de la Pocheta den Risco de Famara aufwärts nach den Penas del Chaché und der Ermita de las Nieves. Dieser anstrengendere Weg beginnt direkt oberhalb der Urbanisación Famara. Die Besonderheiten der beiden Wanderungen sind im Kapitel Risco de Famara (S. 22) beschrieben.

Oben: Das Famara-Gehöft: Ausgangspunkt der Wanderung am Fuße des Risco de Famara.
Unten: Das endemische Lanzarote-Rutenkraut (Ferula lancerottensis) wird mannshoch.

Tour 3: Guatiza

In der Umgebung des Ortes Guatiza ist eine Reihe interessanter Ziele zu besuchen. Nach dem Barranco Teneguime gelangt man, indem man wenige hundert Meter südlich des Ortes auf asphaltierter Straße nach Westen fährt oder in Guatiza direkt nach Westen geht. Man orientiere sich in Richtung auf die Windräder (Parque Eolico) oberhalb des Tales. Der Barranco beginnt mit einem Feldweg im trockenen Bachbett. Dieses wandert man aufwärts, bis es zwischen hohen Felsen schluchtartig blind endet. Der Rückweg muß auf demselben Wege erfolgen. Die Salinen von Los Cocoteros sind auf einer asphaltierten Straße zu erreichen, die zur Urbanisación Los Cocoteros führt. Hier gibt es vor den ersten Häusern eine Parkmöglichkeit, von der aus man sich gedeckt durch Mauern den nach Nahrung suchenden Vögeln vorsichtig nähern kann. Die Besichtigung dieser noch funktionierenden Saline erfolgt am besten von ihrer gegenüberliegenden südlichen Seite. Dabei sollte man den Weg nicht verlassen. Opuntiengärten liegen in großer Ausdehnung zwischen Guatiza und Mala. Ein zu touristischen Zwecken von C. Manrique gestalteter Kakteengarten zeigt eine Vielzahl dieser nicht heimischen amerikanischen Arten.

Diese Besuchspunkte sind in den Kapiteln Barrancos (S. 27), Felswatt, Lagunen und Salinen (S. 56) sowie in Nahrungsnetz im Opuntienfeld (S. 68) dargestellt.

Oben: In der Saline von Los Cocoteros bei Guatiza wird noch Meersalz gewonnen.
Rechts: Das Schweißblatt: ein auf Lanzarote weit verbreitetes Liliengewächs.

Tour 4: Barranco de Malpaso

Der Barranco de Malpaso ist zu erreichen, indem man die letzte Haarnadelkurve der Straße von Teguise nach Haria vor Haria über einen Feldweg verläßt. Eine zweite Möglichkeit besteht darin, vom Ort Haria aus auf einem Feldweg auch das untere Tal in die Wanderung einzubeziehen und inmitten landwirtschaftlicher Nutzflächen aufwärts zu wandern. Man steigt im eigentlichen Barranco auf einem gut unterhaltenen seitlichen Pfad aufwärts und erreicht das Hochplateau. Von hier hat man einen herrlichen Blick auf die nördlich vorgelagerten Inseln und die Ebene El Jable. Nach dem Rückweg auf demselben Wege lädt Haria zur Besichtigung und zum Mittagsmahl ein. Diese Tour ist im Kapitel Barrancos (S. 27) beschrieben.

Tour 5: Malpaís de Corona

Das ist am besten über die küstennahe von den Jameos del Agua nach Orzola führende Straße zu erkunden. Sie führt durch das beschriebene Dünengebiet und auch an eine Lagune, die brandungsarm und zum Baden geeignet ist. Das Fischerörtchen Orzola, in dem mittlerweile der Tourismus beträchtlich boomt, lädt zu einem Fischmahl ein. Es ist der Ausgangspunkt für die Fähre nach La Graciosa. Die Weiterfahrt von Orzola kann über eine andere Straße erfolgen, die bergauf im Malpaís nach dem von C. Manrique geschaffenen Mirador del Rio führt. Von diesem ist ein wunderschöner Ausblick auf die nördlich vorgelagerten Inseln zu genießen.

Das Malpaís de la Corona ist in einem eigenen Kapitel (S. 34) beschrieben.

Die Dünen-Wolfsmilch (E. paralias) wächst in losem Sand.

Tour 6: Aufstieg Monte Corona

Der Aufstieg auf den Krater ist problemlos. Er erfolgt vom Örtchen Ye aus. Hier wird das Auto geparkt und man wandert sodann durch die Weingärten in Richtung auf den Vulkan. Der Weg wird später zu einem andeutungsweise erkennbaren Trampelpfad, dem zu folgen ist. Ziel ist der niedrigere Kraterrand, von dessen Kante aus man in das Innere schauen kann. Mutige können den östlichen Kraterrand erklimmen, um das ganze Malpaís de la Corona zu überschauen. Halbtagestour.

Nähere Beschreibung in dem Kapitel Aufstieg zum Monte Corona (S. 36).

Tour 7: Lavatunnel

Die Jameos del Agua sollten am besten am späten Abend besucht werden, da dann die Masse der Touristen abgezogen ist und in der beginnenden Dämmerung die Zahl der sichtbaren Krebse ansteigt. In den Jameos del Agua befindet sich ein Restaurant. An mehreren Abenden in der Woche kann hier auch zu Disco-Musik getanzt werden. Von kulturellem Interesse sind künstlerische Darbietungen im Auditorium, einem weiteren Teil des Lavatunnels, der zu diesem Zwecke umgestaltet wurde. Es schließt sich an die Jameos del Agua an. Unweit der Jameos del Agua befindet sich die Cueva de los Verdes. Sie ist besonders wegen ihrer geologischen Formationen einen Besuch wert.

Die Kapitel Lavatunnel im Malpaís de la Corona (S. 40), Jameos del Agua (S. 43) und Tunel de Atlantida (S. 50) beschäftigen sich mit den Sehenswürdigkeiten.

Der künstliche Swimmingpool in den Jameos del Agua.

Tour 8: Salinas de Janubio, Los Hervideros, El Golfo

Diese Sehenswürdigkeiten sind über die Küstenstraße des Nationalparks zu erreichen. Ein erster Überblick über die Saline ist kurz nach dem Verlassen der Hauptstraße nach Blanca gegeben. Unterhalb der Saline und der Laguna de Janubio finden sich die berühmten schwarzen Strände von Lanzarote. Hier sollte man nicht vergessen, nach grünlich schillernden Steinchen, dem Halbedelstein Olivin, zu schauen, die fast überall in den schwarzen Stränden liegen. Vorsicht vor geschmolzenem Teer! Die Weiterfahrt nach El Golfo führt an den meterhohen Brandungswellen von Los Hervideros vorbei.

Nähere Beschreibung in den Kapiteln Timanfaya-Nationalpark (S. 52) und Felswatt, Lagunen und Salinen (S. 56).

Tour 9: Atalaya de Femes

Die Besteigung des zweithöchsten Berges Lanzarotes vermittelt einen eindrucksvollen Blick über die Feuerberge, die Salinas de Janubio, den Südteil von Lanzarote, den Nordteil von Fuerteventura und die kleine Insel Lobos. Hierzu wandert man südlich von Las Casitas einen steilen, an seinem Anfang von langstacheligen Feigenkakteen (Opuntia dillenii) gesäumten Feldweg hangaufwärts. Nach Erklimmen des ersten Vulkans wendet man sich nach Süden, um auf einer Kette mehrerer allmählich in ihrer Höhe ansteigender Krater den Atalaya zu erreichen. Halbtagestour.

Die von Algen grün gefärbte Lagune bei El Golfo.

Tour 10: Caldera Blanca und Timanfaya-Nationalpark

Der Timanfaya-Nationalpark ist nur im Rahmen geführter Bustouren zu besichtigen. In ihm liegt das Restaurant El Diabolo. Auf seinem Vorplatz werden einige öffentlichkeitswirksame Demonstrationen zum Vulkanismus vollzogen. Information zur Geologie und zum Vulkanismus erfolgt leider nicht. Großer Beliebtheit bei Touristen erfreut sich ein organisierter Kamelritt auf den Timanfaya. Wer größere Menschenansammlungen nicht liebt, dem wird eine eindrucksvolle Wanderung im umgebenden Naturpark Los Volcanes empfohlen. Hierzu wird ein Weg genommen, der wenige Meter südlich von Mancha Blanca beginnend zum Krater Caldera Blanca führt. Er durchquert das frische Lavafeld und ermöglicht die Besteigung des Kraterrandes der Caldera Blanca mit herrlichem Blick über das Lavafeld, die Feuerberge und die Küste bis zum Risco de Famara.

Unten: Vom Kraterrand des Caldera Blanca ergibt sich ein weiter Blick über den Nordwesten Lanzarotes. Rechts: Künstlicher Geysir am Besucherzentrum.

Die Rückkehr kann auf demselben Weg oder aber über einen Rundweg erfolgen, der in der Nähe des Eingangstores zum Nationalpark endet. Kopf-

bedeckung und ausreichend Flüssigkeit sollten nicht vergessen werden. Unbedingt empfohlen wird der Besuch des Centro de Visitantes y Interpretación de La Mancha Blanca, das auf halbem Wege zwischen Mancha Blanca und dem Eingangstor zum Nationalpark liegt. Hier kann man sich auch bei Bedarf den Weg zur Caldera Blanca erläutern lassen. Tagestour! Geologie, Flora und Fauna sind in Kapitel Timanfaya-Nationalpark (S. 52) beschrieben.

Bild oben und unten: Überall tritt der vulkanische Untergrund ans Tageslicht.
Rechts: Eingangsschild Nationalpark

Tour 11: Ebene und Salinen bei El Rio

Dieses schwer erreichbare Gebiet ist fast menschenleer und bietet eine Vielzahl interessanter Lebensräume. Den Badelustigen lädt ein weißer Strand ein. Die Wanderung gehört zu den anspruchsvollsten auf Lanzarote, da man die 600 m Kliffhöhe erst abwärts und dann zum Ende der Tour wieder aufwärts steigen muß. Sie beginnt auf einem gut ausgebauten Parkplatz in Rosario, den man von Haria und Maguez kommend erreicht, indem man kurz vor Ye links abbiegt und der schmalen Straße zum Mirador del Rio folgt. Der Abstieg in die Küstenebene erfolgt in Serpentinen auf dem Geröll eines Lavafalles des Monte Corona. Es ist eine Tagestour für Wanderer in guter Kondition.

Unten: Die Küstenebene von El Rio liegt am Fuße des Risco de Famara. Ihr Besuch erfordert eine gute Kondition. Extrem klares Wasser läßt ein reiches Unterwasserleben (siehe links) gedeihen.

Anhang

Dank

Die vogelkundlichen Kapitel wurden von Herrn Werner Plinz geschrieben, dem ich hierfür danke. Frau Dr. Ulrike Strecker sei für das kritische, einen allzu wissenschaftlichen Stil verhindernde Gegenlesen meines Textes gedankt. Frau Monika Haenell ist für die gelungene zeichnerische Darstellung verschiedener Vögel Lanzarotes und der Jameos del Agua zu danken. Wichtige Informationen zum Schutzgebietssystem auf Lanzarote übermittelte mir dankenswerterweise das "Viceconsejeria de Medio Ambiente" des "Cabildo Insular de Lanzarote". Gudrun Schomers und Dr. Helga Thielcke gilt der Dank für ihre kritische Durchsicht.

Adressen

Asociación Cultural y Ecologista de Lanzarote "El Guincho"
Blas Cabrera Felipe,
s/n., Oficinas de Cultura y Deportes 1
Arrecife de Lanzarote.
Tel.: +34 928 815430 Fax 815430
Apdo. de Correos 365-35500
Email: guincho@quercus.es.

Fundatión Global Nature España
Capitán Haya 23/Esc. 2-9-2
28020 Madrid
Tel.: +34 91 5569390 Fax: 5569895
Email: fondomadrid@quercus.es

Cabildo Insular de Lanzarote
Viceconsejeria de Medio Ambiente
Email: meamblzt@lander.es

Global Nature Fund
Güttinger Str. 19
78315 Radolfzell
Tel.: 07732 9995 57 Fax: 9995 77
Email: globalnature@t-online.de

Literatur

Arana, V. u. Carracedo, J.C. (1979): Los volcanes de las Islas Canarias, II. Lanzarote y Fuerteventura. 1-176. Editorial Rueda, Madrid.´

Bischoff, W. (1985): Die Herpetofauna der Kanarischen Inseln: II. Die Geckos der Gattung Tarentola. Herpetofauna 7 (35): 27-34.

Bischoff, W. (1985): Die Herpetofauna der Kanarischen Inseln: IV. Die Atlantische Eidechse, Gallotia atlantica. Herpetofauna 7 (37): 15-23.

Bramwell, D. u. Z. (1994): Flores silvestres de las Islas Canarias. Editorial Rueda.

Clarke, T. u. Collins, D. (1996): A Birdwatchers´ Guide to the Canary Islands. Birdwatchers´ Guides, Prion Ltd. Perry.

Concepción G., D. (1992): Avifauna del Parque Nacional de Timanfaya. ICONA:

Garcia B., R., Ortega M., G. u. Perez S., J. M. (1992): Insectos de Canarias. Ediciones del Cabildo Insular de Gran Canaria.

Gonzalez J., J., Hernandez G., C., Marrero G., P. u. Rapp B., E.(1997): Peces de Canarias, Guia Submarina, 3. Edicion: 1-223.

Hutterer, R. (1993): Unbekannte Säugetiere der Kanarischen Inseln. Zool. Forschungsinstitut und Museum Alexander Koenig, Jahresbericht 1992: 1-5.

Krassmann, T. (1996): Geologische Streifzüge auf Lanzarote und Graciosa. Aufschluss 47: 197-213.

Kunkel, G. (1981): La vida vegetal del Parque Nacional de Timanfaya. Colección Botanica Canaria 2: 194.

Kunkel, G. (1982): Los Riscos de Famara (Lanzarote, Islas Canarias) Breve descripción y guia floristica. Naturalia Hispanica, 22: 1-118.

Kunkel, G. (1993): Die Kanarischen Inseln und ihre Pflanzenwelt. Verlag Gustav Fischer.

Martin E.,J. L. u. Oromi, P. (1991): Fauna invertebrada de las lavas del Parque Nacional de Timanfaya (Lanzarote, Islas Canarias). Ecologia 4:297-312.

Mora M., M. (1995): Los espacios naturales de Lanzarote. Colección Canarias Verde.

Nogales, M., L. De Leon und R. Gomez 1998: On the presence of an endemic skink Chalcides simonyi Steid., 1891 in Lanzarote (Canary Islands), Amphibia-Reptilia 19: 427-430.

Plinz, W. (1978): Vogelbeobachtungen auf Lanzarote. Ornithologische Mitteilungen, Heft 7: 159-163.

Rothe, P. (1986): Kanarische Inseln. Sammlung geologischer Führer 81. Gebr. Borntraeger-Berlin und Stuttgart.

Schönfelder, P. Ü. M. (1997): Die Kosmos-Kanarenflora. Franckh-Kosmos Verlags GmbH & Co., Stuttgart.

Wilkens, H. u. Parzefall, J. (1974): Die Ökologie der Jameos del Agua (Lanzarote). Zur Entwicklung limnischer Höhlentiere aus marinen Vorfahren. Annales de Speleologie 29: 419-434.

Register

Aa-Lava 34, 52
Acacia cyclops 33
Acenthis cannabina 89
Acrotylus patruelis 17f
Actitis hypoleucos 98
Adaptive Radiation 11
Aeonium 11, 33
Affodil 24
Ailopus thalassinus 18
Aizoon canariense 25
Alauda arvensis 96
Alectoris barbara koenigi 91
Alegranza 33, 102
Alexander von Humboldt 36
Algerischer Igel 105
Alpenstrandläufer 98
Ameisenjungfer/ -löwe 14f
Amphipoda 47, 82
Androcymbium psammophilum 16
Anemonia sulcata 76
Anthophoridae 19
Anthus berthelotii 87
Anthus pratensis 96
Anthus trivialis 96
Apis mellifica 26
Apus apus 96
Apus pallidus brehmorum 88
Apus unicolor 96
Archipielago Chinijo 19, 22, 108
Ardea purpurea 97
Arenaria interpres 98
Argyranthemum 11, 33
Arisarum vulgare 29, 32
Aronstab 29, 32
Arrecife 52, 83
Arrieta 43, 98
Artemia salina 57
Arthrocnemum cf. Fruticosum 59
Aschen 54
Asphaltklee 29
Asphodelus aestivus 24, 29, 32
Asseln 47
Ästige Sommerwurz 29, 67
Atalaya de Femes 8
Atelerix algirus 105
Atherina presbyter 83
Atlantische Eidechse 37
Bachstelze 96

Balistes carolinensis 83
Balsam-Wolfsmilch 23, 34
Barrancos 27
Barranco de Malpaso 32
Barranco de Teneguime 27, 29, 108
Baßtölpel 100
Baumpieper 96
Beachbrick 81
Berglaubsänger 96
Bienenfresser 96
Biosphärenreservat 110
Birnenkauri 81
Bituminaria bituminosa 29
Blaps alternans 71
Blattschneiderbienen 65
Blauflügelige Ödlandschrecke 18
Blaumeise 89
Blaustern 29
Bluthänfling 89
Bocksdorn 24
Bonellia viridis 48
Brandseeschwalbe 100
Braunkehlchen 96
Breitblättriger Blaustern 28
Breitblättriger Affodil 29, 32
Brillengrasmücke 31, 34, 88
Bubulcus ibis 97
Bucanetes githagineus amantum 88
Bulgada 79
Bulweria bulwerii 102
Bulwersturmvogel 102
Buntfüßige Sturmschwalbe 102
Burhinus oedicnemus insularum 91

Calandrella rufescens 87
Caldera Blanca 55
Calidris alba 98
Calidris alpina 98
Calidris ferruginea 99
Calidris minuta 99
Campylanthus salsoloides 28
Carangidae 84
Carduelis carduelis parva 89
Carlina salicifolia 30
Cerithium vulgatum 81
César Manrique 4, 43
Chalicodoma sicula balearica 26, 65
Charadrius alexandrinus 98
Charadrius dubius 98
Charidrius hiaticula 98
Chiroptera 103
Chlamydotis undulata fuerteventurae 92
Chlidonias hybrida) 97
Christusdistel 30
Chrysanthemum coronarium 21
Chthamalus stellatus 76
Ciconia ciconia 97
Circus aeruginosus 96
Circus pygargus 96
Cistanche phelypaea 35, 67
Clibanarius aequabilis 78
Coccinella algerica 13
Cochenille-Schildlaus 68, 70
Colonectris diomeda 101
Columba livia canariensis 88
Conopistha 65, 70
Conus mediterraneus 80, 82
Corax corax tingitanus 88

132

Coronamassiv 34
Crocidura canariensis 103
Cueva de los Verdes 41
Cursorius cursor bannermann 92
Cuscuta approximata 17, 65f
Cyperus capitatus 15
Cyrtophora citricola 65, 70

Dactylopius cacti 68
Delichon urbica 96
Diebsspinne 65, 70
Dipcadi serotinum 17, 29
Diplodus annularis 83
Dorada 83
Dorngrasmücke 96
Dornlattich 17f, 24, 35, 65, 65f
Dreiklauer 64
Drosseluferläufer 97
Drückerfisch 82f
Dunaliella salina 57
Dünenfeld 38
Dünensandkultur 19
Dünen-Zyperngras 15
Dunkelkäfer 18
Dünnblättriger Affodil 15

Echium descaisnei 26
Echium lancerottense 26, 32, 37, 38
Egretta gularis 97
Einfarbsegler 96
Einsiedlerkrebse 78
El Golfo 53
El Jable 12, 13, 19, 20, 33
El Rio 36, 59
Eleonorenfalke 88
Enarenado artificial 20
Enarenado natural 21
Erithacus rubecula 96
Ermita de las Nieves 26
Erosionsrinnen 18
Espacio Natural Protegido 19
Eßfeigen 36
Euphorbia balsamifera 34, 37

Euphorbia obtusifolia 23, 34
Exochomus flavipes nigripennis 69

Fahlsegler 88
Falco eleonorae 88
Falco pelegrinoides 88
Falco peregrinus 96
Falco tinnunculus canariensis 28, 86
Famara 72
Famara-Massiv 33
Famara-Reichardie 24
Färbeflechten 62
Federbusch 28, 34
Feige 29
Feigenkakteen 68
Feldlerche 96
Felsenhuhn 26, 91
Felsentaube 28, 34, 88
Ferula lancerottense 24, 30
Feuerberge 52
Ficedula hypoleuca 94, 96
Ficus carica 29, 36
Fiederblättriger Lavendel 29
Fiederspaltige Gänsedistel 30f
Fischadler 88
Fischmarkt 83
Fitis 96
Flamingo 97
Flaumhaariger Strandflieder 11
Flechten 54, 60, 61
Fledermäuse 103
Floh 104
Flohkrebs 47f
Floßschnecke 73
Flußregenpfeifer 98
Flußseeschwalbe 100
Flußuferläufer 98, 99
Fratercula arctica 101
Frettchen 105
Fundación Manrique 6

Galatheidae 43
Galerien 40

Gallo 83
Gallotia atlantica atlantica 14, 36
Gänsedistel 24
Gänsefußgewächs 59
Garnele 78
Gartengrasmücke 96
Gartenrotschwanz 96
Gefiederter Lavendel 23
Gelbe Cistanche 67
Gelbschnabelsturmtaucher 101
Gelbschnabelsturmvogel 28
Gestrichelte Buckelschnecke 81
Gezeitenlagune 57
Gezeitentümpel 78
Goldkraut 24
Golfo 58
Graciosa 36
Graurückendommel 97
Grauschnäpper 96
Große Raubmöwe 101
Grundel 78
Grünschenkel 98f
Guatiza 27, 56, 98

Haematochrom 57
Haliotis tuberculata 80
Halophyten 58
Haria 6, 30
Harms 43
Hausmaus 104
Hausrotschwanz 96
Heliotropium ramosissimum 15
Hemicycla sarcostoma 81
Heringsmöwe 100
Heteromysoides cotti 48
Himantopus himantopus 99
Hirundo rustica 96
Höhlenschwimmer 51
Höhlenwurm 47
Honigbiene 26
Hornschnecke 81
Hydrobates pelagicus 102

Igel 105

133

Immerleben 33
Isla Graciosa 33
Isopoda 47
Ixobrychus sturmii 97

Jagd 110
Jameo Chico 43
Jameo Grande 43
Jameos 38, 40, 42
Jameos de Arriba 40
Jameos del Agua 42, 43, 108
Janthina exigua 73
Janubio 56
Juncus acutus 54
Jurel 84
Jynx torquilla 96

Kameldorn 17
Kampfläufer 98
Kanaren-Ampfer 24, 26
Kanaren-Eiskraut 25
Kanaren-Endemismen 10
Kanarengirlitz 89
Kanaren-Hahnenfuß 37
Kanaren-Krummblüte 28
Kanarenpieper 17, 34, 54, 87
Kanaren-Scheinkrokus 37
Kanarienvogel 31
Kanarischer Mauergecko 16, 17
Kanarische Dattelpalme 32
Kanarische Spitzmaus 103
Kaninchen 105
Karbonatsand 13
Karmin 70
Kegelschnecke 80, 82
Kerbtäler 27, 31
Kesselkrater 55
Kickxia heterophylla 24
Kiebitzregenpfeifer 98f
Kiefer 30
Kleeseide 17, 65, 66
Kleiner Sturmtaucher 102
Kleinia neriifolia 23, 28
Knappe 18
Kneria neriifolia 34
Knotenblütige Mittagsblume 23, 25

Kolkrabe 26, 88
Kragentrappe 19, 92
Krebse 46
Kristall-Mittagsblume 23, 25
Kristallresede 35
Kronen-Wucherblume 21
Kugelspinnen 65
Kuhreiher 18, 97
La Caleta 83
La Corona 36
La Geria 21, 53
La Graciosa 33
La Santa 59, 98
Labridae 78
Lachmöwe 99f
Lackmus 63
Lagune 57
Lanius excubitor koenigi 86
Lanius senator 96
Lanzarote-Aeonium 33
Lanzarote-Blaumeise 26, 28
Lanzarote-Natternkopf 26, 32, 37f
Lanzarote-Rutenkraut 24, 30
Lapilli 54
Larus cachinnans atlantis 100
Larus fuscus 100
Larus ridibundus 99, 100
Launaea arborescens 17, 19, 24, 35, 65, 67
Lava 34, 40
Lavafälle 36
Lavahöhlen 104
Lavamaus 104
Lavandula pinnata 23, 29
Lavatunnel 34, 40, 42
Limikolen 59
Limonium puberulum 11, 31, 33
Limosa lappicona 99
Limosa limosa 98
Litorina striata 77, 79
Löffler 97
Los Ajaches 108

Los Cocoteros 56
Los Hervideros 53
Los Islotes 108
Los Volcanes 55, 108
Lotus lanzerottensis 17
Luscinia megarhynchos 96
Lycium intricatum 24

Madeira-Wellenläufer 102
Magma 52
Maiwurm 64
Makaronesien 10
Malpaís de la Corona 34, 36, 38, 40, 42
Malpaís de La Corona 108
Malpaísomys insularis 104
Man and the Biosphere 110
Mandeln 36
Marienkäfer 13, 69
Mauersegler 96
Mauligobius maderensis 78
Meeraal 84
Meerbrasse 83
Meerpfau 78
Megachilidae 26, 65
Mehlschwalbe 96
Meloe aegypticus 64f
Merops apiaster 96
Mesembryanthemum canariense 25
Mesembryanthemum nodiflorum 23
Mirador 98
Mirador del Rio 56
Mittelmeer-Muräne 84
Mohn 21
Mojarra 83
Mönchsgrasmücke 96
Monodonta lineata 81
Montana Clara 33
Montaña del Fuego 16
Monte Corona 32, 36f, 42
Monumento Natural 34, 36, 108
Moquins Traganum 67
Mörtelbiene 26

Motacilla alba 96
Motacilla flava 96
Munidopsis polymorpha 43, 58
Muraene helena 84
Muräne 84
Murex trunculus 79
Mus musculus 104
Muschelkrebse 47
Muscicapa striata 96
Myrmeleon h. hyalinus 15
Mysidacea 48

Nachtfalterbär 29
Nachtigall 96
Napfschnecke 77, 79, 81
Natternkopf 26
Naturdenkmale 108
Naturparke 107f
Naturreservat 108
Nauplius intermedium 24, 37
Nauplius schultzii 24
Nauplius sericeus 32
Neophron perchopterus 88
Niederliegende Rübe 24
Nopal-Schildlaus 68

Oceanites oceanites 102
Oceanodroma castro 102
Oceanodroma leucorhoa 102
Octopus vulgaris 84
Odontopterygiformes 10
Oedipoda coerulescens 18
Oenanthe oenanthe 96
Oktopus 84
Ölkäfer 64, 65
Opuntia ficus-indica 68
Opuntienspinne 65, 70
Orcein 63
Oriolus oriolus 96
Orobanchaceae 66
Orobanche racemosus 67
Orobanche ramosus 29
Oryctolagus cuniculus 105
Orzola 35, 38, 63, 98
Ostracoda 47
Pahoehoe 53

Paisaje Protegido 27, 108
Palaemon elegans 78
Pandion haliaetus 88
Pandur 18
Papageientaucher 101
Papaver spec. 21
Parablennius parvicornis 78
Parhyale multispinosus 48
Parque Natural 55, 107
Parus caeruleus degener 28, 89
Passat 36
Passer hispaniolensis 86
Patella candei 82
Patella crenata 77, 79
Patellifolia procumbens 24
Pelzbiene 19
Peñas del Chache 8, 22
Pfuhlschnepfe 99
Philomachus pugnax 98
Phoenicopterus ruber 97
Phoenicurus ochruros 96
Phoenicurus phoenicurus 96
Phoenix dactylifera 32
Phylloscopus bonelli 96
Phylloscopus collybita 96
Phylloscopus sibilatrix 96
Phylloscopus trochilus 96
Physalia physalis 72
picon 20
Piconkultur 20
Pinus canariensis 30
Pipistrellus kuhlii 103
Pirol 96
Plantago aschersonii 24
Platalea leucorodia 97
Playa Blanca 106
Plectrophenax nivalis 96
Plinius 62
Pluvialis squatarola 98
Polychaeta 47
Portugiesisches Kriegsschiff 72
Promachus 11
Prunus dulcis 36
Pseudocaranx dentex 84
Puerto del Carmen 106

Puffinus assimilis 102
Pulpo 84
Purpurarien 62
Purpurgewinnung 62
Purpurreiher 97
Purpurschnecke 63, 79
Putorius furo 105
Pyroklastite 54

Ramalina bourgeana 54, 61
Ramalina duriaei 36
Ramalina-Flechten 61
Ranunculus cortusifolius 37
Raubfliegen 11
Raubwürger 14, 34, 54, 86
Rauchschwalbe 96
Recurvirostra avosetta 99
Regenbrachvogel 35, 59, 98
Reichardia famarae 24
Reichardia tingitana 15
Remipedia 51
Rennvogel 19, 92
Reseda lancerotae 35
Reserva Natural Integral 108
Riffreiher 97
Riparia riparia 96
Risco de Famara 12, 33, 36
Roccella-Arten 62
Rohrweihe 96
Romulea columnae 37
Roque del Este 38
Rotdrossel 96
Rotkehlchen 96
Rotkopfwürger 96
Rotmundleistenschnecke 78, 79, 81
Rotschenkel 98f
Rubia fruticosa 34
Rumex lunaria 24, 26
Rumina decollata 18
Rundäugige Akazie 33
Rüsselwurm 48

Säbelschnäbler 99

135

Salema 84
Salina del Janubio 108
Salinen 56
Salinenkrebschen 57
Salzpfannen 56
Salzwiesen 59
Samtkopfgrasmücke 31, 88
Sanderling 98
Sandregenpfeifer 98f
Sandschnecke 17
Sargo Blanco 83
Sarpa salpa 84
Saxicola rubetra 96
Schafstelze 96
Schleiereule 28, 34
Schleimfisch 78
Schmutzgeier 28, 54, 88
Schneeammer 96
Schulp 82
Schwarzkäfer 71
Schweifblatt 29
Scilla latifolia 28, 29
Seeohr 80
Seeregenpfeifer 98
Segelqualle 73
Seidenreiher 35, 59, 98
Seidiger Goldstern 32
Senecio leucanthemifolius 35
Sepia officinalis 80, 82
Serinus canaria 89
Sichelstrandläufer 99
Siempreviva 33
Silbermöwe 100
Sommerwurzgewächse 66
Sonchus pinnatifidus 24, 30, 32
Soo 20
Spaltfußkrebs 48
Sparidae 83
Sparus aurata 84
Speleonectes ondinae 51
Speleonicippe buchi 47
Spilostethus pandurus 18
Spitzmaus 104
Staatsqualle 73
Stachelmakrele 84
Steinschmätzer 96
Steinwälzer 98f

Stelzenläufer 98
Stercorarius skua 101
Stereocaulon vesuvianum 34, 54
Sterna hirundo 100
Sterna sandvicensis 100
Sternseepocke 76
Stieglitz 89
Strandflieder 31, 33
Strandfloh 82
Strandschnecke 77, 79
Strauchiger Krapp 34
Strauchmargerite 33
Streifenfisch 83
Streptopelia turtur 86
Stricklava 53
Stummellerche 17, 54, 87
Stumpfblättrige Wolfsmilch 34, 61
Sturmschwalben 102
Sturmtaucher 101
Sturmvögel 54
Sula bassana 100
Sylvia artricapilla 96
Sylvia borin 96
Sylvia communis 96
Sylvia conspicillata orbitalis 88
Sylvia melanocephala 88

Talitrus saltator 82
Talparia lurida 81
Tanger-Reichardie 15
Tarentola angustimentalis 16
Teguise 20
Tenebrionidae 18, 71
Teneguime 27
Tephra 54
Teufelszwirn 66
Thais haemastoma 80, 81
Thalassoma pavo 78
Theba geminata 17, 18
Theridiidae 65
Timanfay 52, 107
Tintenfisch 82
Totenkäfer 71
Traganum 13
Traganum moquinii 13, 35

Trauerschnäpper 94, 96
Triel 19, 26, 91
Tringa macalaria 97
Tringa nebularia 98
Tringa totanis 98
Tuffgruben 20
Tuffkrater 53
Tunel de la Atlantida 42, 50
Turdus iliacus 96
Turmfalke 26, 28, 34, 86
Turmschnecke 18
Turteltaube 86
Tyto gracilirostris 28, 34

Uferschnepfe 98f
Uferschwalbe 96
Umbilicus horizontalis 37, 38
UNESCO 106, 110
Upupa epops 16, 87
Utetheisa pulchella 29

Valle 30
Velella velella 73
Verode 23
Verschiedenblättriges Tännelkraut 24
Vielborster 47

Wachsrose 76, 78
Waldlaubsänger 96
Wanderdüne 15
Wanderfalke 96
Wegerich 24
Weidensperling 86
Weinstöcke 36
Weißbartseeschwalbe 97
Weißkopfmöwe 15, 100
Weißrandfledermaus 103
Weißstörch 97
Wellenläufer 102
Wendehals 96
Wiedehopf 16, 28, 58, 87
Wiesenpieper 96
Wiesenweihe 96
Windmühlen 56
Wolfsmilch 23
Wüstenfalke 88, 99
Wüstengimpel 58, 88

Wüstenorchidee 35, 67

Xanthoria calcicola 61
Xenopsylla guancha 104

Yaiza 52
Ye 36

Ziegenbeweidung 16
Zilpzalp 96
Zophosis bicarinata plicata 18, 71
Zwergstrandläufer 99
Zygophyllum fontanesii 58

Bildnachweis

Arendt/Schweiger 96, 101
Bischoff, W. 103
Feuerer, Tassilo 63u
Hänel, Monika Titel, 8, 31o, 41o, 49u, 59o, 86, 88, 89, 90, 91, 93, 94, 95, 102u, 102o, 104
Hutterer, Rainer 105u
Jerrentrup, Hans 97
Kemnitzer, Peter 117, 119, 125, 126, 130o
Plinz, Werner 12, 17o, 21o, 21m, 25o, 30, 33, 41u, 48u, 59u, 61u, 121
Reyero, J. M. 108, 110, 115, 118, 120, 130, 128o, 128u
Strecker, Ulrike 26
Wilkens, Horst Rückseite, 3, 7, 10, 11o, 11u, 13o, 13u, 14, 15o, 16o, 16u, 17u, 18, 19o, 19u, 20, 21u, 22, 23o, 23u, 24, 25m, 25u, 27, 28, 29o, 29u, 31u, 32o, 32u, 34, 35o, 35u, 36, 37o, 37u, 38o, 38u, 39, 40, 42o, 42u, 43, 44, 45, 46o, 49o, 52, 53o, 53u, 54, 55, 56, 57o, 57u, 58, 60, 61o, 62, 63o, 64, 65, 66l, 66r, 67, 68, 69o, 69u, 70, 71, 72, 73, 74, 75, 76, 77o, 77u, 78, 79, 80o, 80u, 81o, 81m, 81u, 82o, 82u, 83, 84, 85o, 85u, 87, 99, 106, 112, 122o, 122u, 123o, 123u, 124, 127u, 130u
Williams, Dennis W. 46u, 47o, 47u, 48o, 50, 51
Wothe, Konrad 92, 98, 100
Yasseri, Massoud 15u

Weitere Natur-Reiseführer

Bodensee – Naturreichtum am Alpenrand

*Deutschland – Von Annette Bernauer und Harald Jacoby, 1994;
176 Seiten, 160 Fotos und Abbildungen, davon 99 in Farbe.
24,- DM/SFr, 170 ÖS
ISBN 3-9803350-1-1*

Mit seinem milden Klima und lieblichen Landschaften gibt der Bodensee einen Vorgeschmack auf den sonnigen Süden. Für Tausende von Zugvögeln sind die ruhigen Wasserflächen und Feuchtgebiete am Ufer wertvolle Winterquartiere oder letzte Rastplätze vor ihrem Flug über die Alpen. Maler und Schriftsteller, Touristen und Sommerfrischler fühlen sich vom See ebenso magisch angezogen und erliegen dem Reiz der heiteren Landschaft. Als Trinkwasserspeicher versorgt der Bodensee Millionen von Menschen weit über die Region hinaus.

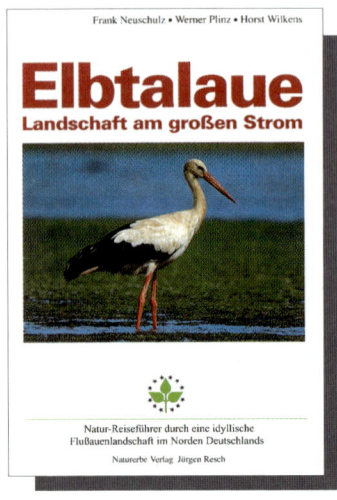

Elbtalaue – Landschaft am großen Strom

*Deutschland – Von Frank Neuschulz, Werner Plinz und Horst Wilkens, 1994; 152 Seiten, 166 Fotos und Abbildungen, davon 98 in Farbe.
24,- DM/SFr, 170 ÖS,
ISBN 3-9801641-8-7*

An der unteren Mittelelbe zwischen Hamburg und Berlin hat sich entlang der ehemaligen Grenze eine einmalige Flußauenlandschaft erhalten. Seeadler, Biber, Gottesgnadenkraut und Sumpf-Wolfsmilch bietet diese Region Lebensraum. Auf ausgedehnten Überschwemmungswiesen suchen noch mehr als 200 Weißstorch-Paare nach Nahrung. Nach Öffnung der innerdeutschen Grenze haben die an die Elbe angrenzenden Bundesländer beschlossen, das Gebiet als Biosphärenreservat auszuweisen. Weiter soll die Elbe UNESCO-Weltkulturlandschaft werden.

Drau und Mur – Leben durch Flußdynamik

Österreich, Slowenien, Ungarn und Kroatien – Von Martin Schneider-Jacoby, 1996;
152 Seiten, 109 Fotos und Abbildungen, davon 70 in Farbe.
24,- DM/SFr, 170 ÖS
ISBN 3-9803350-3-8

Drau und Mur sind die Lebensadern der Landschaft im Südosten Mitteleuropas. Zwischen Österreich, Slowenien, Ungarn und Kroatien fließen beide Flüsse in einem breiten Korridor aus Auwäldern, Altarmen, Wiesen, Weinbergen und malerischen Ortschaften bis zur Donau. Fischotter, Seeadler, Weiß- und Schwarzstörche, tausende Uferschwalben und fünfzig Libellen- und Fischarten nutzen diese dynamische Flußlandschaft als Lebensraum.

Extremadura – Naturreichtum durch Tradition

Spanien – Von Arndt Hampe, 1993;
160 Seiten, 143 Fotos und Abbildungen, davon 106 in Farbe.
24 DM/SFr 170 ÖS
ISBN 3-9801641-7-9

Im Südwesten Spaniens liegt eine der ursprünglichsten Kulturlandschaften Südeuropas: Parkartige Stein- und Korkeichenwälder, weite Ebenen mit Steppencharakter und dichte Bergwälder prägen seit Menschengedenken die Extremadura. Ihre geringe Besiedlung und die extensive Landnutzung machen sie zu einem Rückzugsgebiet für eine Vielzahl bedrohter Tier- und Pflanzenarten. Pardelluchs, Mönchsgeier und Großtrappe finden hier noch einen Lebensraum. Millionen Zugvögel aus Mittel-, West- und Nordeuropa überwintern in der Extremadura.

Der Nestos – Leben zwischen Fluß und Meer

*Nordost-Griechenland – Von Hans Jerrentrup und Jürgen Resch, 1989;
128 Seiten, 157 Fotos und Abbildungen, davon 93 in Farbe.
22,- DM/SFr, 155 ÖS
ISBN 3-9801641-2-8*

Im Nordosten Griechenlands liegt eines der bedeutendsten Feuchtgebiete Südosteuropas: eine viele Quadratkilometer große Flußauenlandschaft mit urwüchsigen Auwäldern, ausgedehnten Lagunensystemen und weiten Sandstränden. Spornkiebitz, Fischotter und Schreiadler finden hier im Nestosdelta noch ihren Lebensraum. Der Fortbestand dieser einzigartigen Landschaft mit ihren seltenen Tier- und Pflanzenarten ist durch die fortschreitende Zerstörung der Feuchtgebiete hochgradig bedroht.

Nördliche Sporaden – Natur zwischen Inseln und Meer

*Griechenland – Von Gerald Hau und Claus-Peter Hutter, 1997;
160 Seiten, 159 Fotos und Abbildungen,
24,- DM/SFr, 170 ÖS
ISBN 3-9803350-7-0*

Die Nördlichen Sporaden zählen zu den geheimnisvollsten Inseln des Mittelmeeres. Hier leben noch die sagenumwobenen Mönchsrobben, die "Sirenen" des Homer. Die Stiftung Europäisches Naturerbe (EURONATUR) hat mitgeholfen, daß hier ein Meeresnationalpark ausgewiesen wurde, der erste im gesamten Mittelmeer. Besucher der Sporaden erhalten mit diesem reich bebilderten Natur-Reiseführer einen guten Überblick über die reichhaltige Natur der bewohnten wie unbesiedelten Inseln im Nationalpark.

Weserbergland – Land der Gewässer

Deutschland – Von Bernd Gerken, B. Balsliemke, W. Güth und H.-D. Krus, 1994; 160 Seiten, 130 Abbildungen, davon 97 in Farbe. 24,- DM/SFr, 170 ÖS ISBN 3-9803350-0-3

Beiderseits der Oberweser zwischen dem Eggegebirge als südlichem Ausläufer des Teutoburger Waldes und dem Solling erstreckt sich der Abschnitt des Weserberglandes, der mit seinen ausgedehnten Rotbuchenwäldern, alten Eichen-Hudewäldern, mit heckenreicher Acker- und Wiesenlandschaft und mit den vielfältigen, oft sehr naturnahen Gewässern zu einer der schönsten und reichsten Kulturlandschaften Deutschlands zählt.

Die Crau – Steinsteppe voller Leben

Südfrankreich/Provence – Von Andreas Megerle und Jürgen Resch, 1989; 116 Seiten, 80 Fotos und Abbildungen. 20 DM/SFr, 140 ÖS ISBN 3-9801641-0-1

Im Süden Frankreichs, nordöstlich der Camargue, liegt eine für europäische Verhältnisse ungewöhnliche Landschaft: eine mit Steinen übersäte Ebene, auf der auf einer Fläche von vielen tausend Hektar kein Baum wächst. Der Fortbestand dieser Landschaft mit ihren seltenen Tier- und Pflanzenarten und der Kultur der Schafwirtschaft ist hochgradig bedroht.

La Crau – Steppe vivante
(französische Fassung von "Die Crau – Steinsteppe voller Leben")
*Von Gilles Cheylan, Andreas Megerle und Jürgen Resch, 1990;
116 Seiten, 80 Fotos und Abbildungen.
20,- DM/SFr, 140 ÖS
ISBN 3-9801641-1-X*

Narew und Biebrza – Leben am europäischen Amazonas

*Polen – Von Norbert Schäffer, 1996;
176 Seiten, 190 Fotos und Abbildungen,
durchgehend in Farbe.
24,- DM/SFr, 170 ÖS
ISBN 3- 931173-00-3*

Im Nordosten Polens liegen die größten, weitgehend naturnahen Flußtäler Europas außerhalb der Länder der ehemaligen Sowjetunion. Extensiv genutztes Kultur- und nahezu unberührtes Naturland sind Lebensraum einer Vielzahl von zum Teil weltweit in ihrem Bestand bedrohten Vogelarten wie Seggenrohrsänger und Wachtelkönig. Die politischen Veränderungen in Polen und die Annäherung an die Europäische Union werden für den Naturschutz in diesem Land große Chancen, aber auch Gefahren mit sich bringen.

Wolga-Delta – Naturoase zwischen Meer und Halbwüste

*Rußland – Von Norbert Hölzel, German Russanow und Stefan Schleuning, 1996;
160 Seiten, ca. 174 Fotos und
Abbildungen, überwiegend in Farbe.
24,- DM/SFr, 170 ÖS
ISBN 3- 9803350-5-4*

Am Nordrand des Kaspischen Meeres liegt eine Delta- und Auenlandschaft der Superlative, die hinsichtlich ihrer Flächenausdehnung und ihres Erhaltungszustandes in Europa keine Entsprechung mehr findet. Eingebettet in die weiten, menschenleeren Halbwüsten des Nordkaspischen Tieflandes dient das Wolga-Delta Millionen von Wasservögeln als Brut-, Mauser-, Rast- und Überwinterungsplatz.

Der Karst – Ober- und unterirdische Lebensvielfalt

*Slowenien – Von Peter Trontelj, 1998;
128 Seiten, 109 Fotos und Abbildungen,
durchgehend in Farbe.
24,- DM/SFr, 170 ÖS
ISBN 3- 9803350-4-6*

Dem Adria-Urlauber nicht unbekannt sind Namen wie Postojna, Lipica oder Skocjanske jame. Sie stehen für die Adelsberger Grotte und die atemberaubenden Abgründe der Höhlen von Skocjan, die die UNESCO zu ihrem Welterbe erklärt hat. Vorgestellt werden der slowenische Karst, seine vielfältigen Formen und Phänomene, seine Tier- und Pflanzenwelt sowie seine Menschen und deren Kultur.

Neuerscheinung 1999:

Mono Lake – Bizarrer Wüstensee in Kalifornien

*USA – Von Michael Weber, 1999;
176 Seiten, ca. 190 Fotos und
Abbildungen, durchgehend in Farbe.
24,- DM/SFr, 170 ÖS
ISBN 3-931173-11-9*

Diese Naturführer können Sie bestellen beim:

NATURERBE VERLAG
Jürgen Resch
Stockacher Str. 11
88662 Überlingen-Bonndorf
Tel.: 07773 5767
Fax: 07773 7320
Email: jresch@t-online.de

Tourenkarte Lanzarote
(zu den Touren auf den Seiten 121 – 130)

Verkleinerte Wiedergabe der aktuellen Lanzarote Straßenkarte mit freundlicher Genehmigung von *art edition, B. Timm* Maßstab 1:100 000.